歴史が始まった日　昭和40年夏甲子園決勝

〜斎藤一之VS原貢〜

畑山公希

第47回 全国高校野球選手権大会 準優勝

プロローグ

２０２２年７月に『怪物退治の夏～昭和48年夏２回戦～銚子商と斎藤一之』でデビューさせて頂いた。このデビュー作を執筆するにあたり、多くの方のお世話になり、取材をさせて頂いた。それは50年前の記録と記憶をたどる旅であり、また人々の記憶にあるが、記録に記されていないことも多くあった。非常に苦労したものの、あまり人がやらないであろう作業に、やりがいを感じていた。

今回の作品は、前作でいわば「入りきらなかった」部分を集約させて頂いた。

今回の昭和40年の夏の甲子園決勝は、いわば野球王国千葉の始まりの日でもあった。千葉県は夏の甲子園で、3回の全国優勝を果たしている。最初は昭和42年の習志野高校。2度目は昭和49年の銚子商。そして翌年の昭和50年、千葉県大会で銚子商を破った習志野高校が、昭和42年に県勢初の全国優勝を果たした時のエース・石井氏が監督になり、時のエース・小川淳司氏（元ヤクルトスワローズ監督）を擁して、同校2度目の全国制覇を達成。そしてこれが、県勢で最後の全国制覇となる。また、49年50年と千葉県勢が連続して全国制覇をしたことから、「野球王国千葉」と言われるようになった。

この習志野高校の2回の全国制覇には、昭和40年の銚子商の存在が影響している。

本編でも話すが、この昭和40年の銚子商が千葉県勢で初の甲子園決勝進出を果たす前、千葉県予選準決勝で銚子商と対戦した習志野高校は、5-0で銚子商に負けている。

その負けた相手が全国の場で、初めての千葉県勢決勝進出と全国優勝をかけて試合に臨んでいる。それを目の当たりにした習志野ナインは「もし、あの試合、我々が勝てていたら、あそこにいるのは我々だった…」と考えていたそうだ。

これは、元習志野高校野球部監督・石井氏が、2021年に千葉テレビで放映された、銚子商と習志野野球部を特集した『2強時代』という番組で話していたことだ。

つまり、千葉県の飛躍はこの2校が牽引していったともいえる。

その時代を経て、現在も習志野高校は千葉県でも力を維持し、プロ輩出校になっているが、方や銚子商は県大会でベスト16、5回戦までは勝ち抜くものの、その後が続かずにいる。

習志野高校と共に、千葉県の高校野球の歴史の中心にいた銚子商だが、近年では、とりわけ昭和49年の全国優勝を取り上げられることが多い。

しかし、それから60年近くの月日を経た今、銚子商野球部の歴史の一部を、1冊の本にまとめた筆者からすれば、この初の全国優勝以上に「歴史的」に意味があったのは、今回の昭和40年の千葉県勢初の決勝進出、そして昭和48年の「昭和の怪物」を甲子園で土を付けた瞬間だったと、そう感じた。

斎藤監督に率いられた銚子商の流れを見ると、まさに名勝負の連続でもあり、そしてドラマがあった。

昭和40年の県勢初の決勝進出を果たした。その決勝の相手は三池工業で、後にアマチュア野球で多大な影響力を持った名将・原貢監督（三池工業─東海大相模─東海大学─東海大相模）。そう、長年、球界の盟主を率いた、元読売ジャイアンツ原辰徳監督の父である。

そして、前作の舞台である、史上最高の甲子園投手とされた江川卓投手との激闘で勝利した昭和48年夏2回戦。

また、今回のライバル役である、原貢監督は息子・辰徳氏と、監督、選手という同じ時期にいわゆる「親子鷹」を実現している。ちょうど同時期に、斎藤監督も息子・俊之氏と親子鷹を実現。2度の甲子園出場で全国優勝を目指していた。

斎藤一之監督の死後、俊之氏は銚子商の野球部監督となり、2005年に夏の甲子園に出場。この出場が銚子商の最後の甲子園出場となった。俊之氏はこの時の出場で、甲子園で初戦勝利し（銚子商7－1鳥取西）全国でも珍しい、親子で同じチームの監督としての甲子園勝利を果たしている。

今回の取材では、筆者の銚子シニアリーグ時代の会長を務めていた、阿天坊俊明氏（第一回ドラフト南海2位拒否、銚子商―立教大―新日鉄室蘭）に密着取材させて頂いた。阿天坊氏は3年時に主軸選手として、あの昭和40年の夏、決勝の地で遊撃手として出場していた歴史の生き証人である。選手としても甲子園にレギュラーとして出場し、立教大、社会人野球の新日鉄室蘭でも中心メンバーとなった。若松勉氏（元ヤクルト監督）と共に、大昭和製紙の補強選手として都市対抗野球にも出場した、野球エリートである。

前作は約50年前の話だが、今回の作品はそれからさらに遡り60年も前（昭和40年）の話である。前作以上に話を聞くことがより厳しくなっていた。しかし取材をする中で、非常に興味を持って下さる方々が多く、それだけ、この国における高校野球と、そして銚子商という学校に魅力がある証拠だと感じた。

今回の作品でも、様々な方に取材させて頂いた。特に、銚子商野球部後援会長・阿天坊俊明氏と、三池工業高校野球部OB会長・山口圭一氏、そして三池工業高野球部全国優勝メンバー・苑田邦夫氏には大きな感謝を申し上げたい。

もくじ

母校の甲子園出場を夢見るかつての「英雄」

2022年、春季千葉県大会。この年、前年まで、言わば「忘れ去られていた」古豪の名前が再び人々に夢を与えていた。

銚子商業高校。かつて甲子園を沸かせた、漁師町の野球の強豪校である。

銚子商は準決勝で、「現在」の千葉県王者・木更津総合を撃破し、12年ぶりの関東大会への出場を決めた。この時、あるスポーツ記事にかつての名選手の名前が載った。

阿天坊俊明。銚子商の名前を全国に知らしめた功労者の1人である。

阿天坊氏は、今回の舞台である、昭和40年、銚子商が千葉県勢で初めて全国の決勝の場まで到達した時の、ショートを守った人物である。また、日本プロ野球史上初めてドラフト制度が導入された時の、南海ホークス（現ソフトバンクホークス）から2位指名された人物である（ドラフト拒否―立大―新日鉄室蘭）。

自身の経営する『阿天坊商店』の社長を務め、母校の後援会会長も長年勤め、現在もその地位にある。阿天坊氏は銚子商に通学が困難な部員に対し、寮を作って支援するなど現在も母校の支援を行い、母校が再び甲子園の土を踏むことを夢見ている。

筆者自身も前作の執筆でお世話になり、今回の作品でも取材に応じて下さった縁があった。前作の発売の報告をしようと、阿天坊氏に電話した時が、まさに銚子商が、夏の予選で成田高校に延長10回の末、サヨナラ負けを喫した直後だったため、このような会話になった。「ひとまず、今年の夏はお疲れ様でした」

「いやー、実は、Sという左ピッチャーが体調不良でね。彼が投げていればわからなかったね」

「あ、そういう事があったのですね」

「そうなんですよ。やはり甲子園は難しいね。また一から作り直しです」

２０２２年の夏。銚子商は非常に良いチームと評判が良かった。春季大会での成績、そして右のエース飯島投手と左のエース関根投手という2枚看板がおり、さらに、あの昭和40年の夏を彷彿とさせるような、豪打の打線。まさに黒潮打線の再来とも言われた完成度の高いチームとされていただけに、阿天坊氏が肩を落とすのもわかる気がした。

筆者も、この試合をライブ中継で見ていたが、ここ最近では良いチームという評判はわかる気がした。だが、相手の成田高校も甲子園7回出場の古豪。一発勝負の高校野球では、勝負はわからないという言葉がそのまま反映された形となった。

アナウンサーが両校の紹介で、成田高校の紹介が終わるや否や、銚子商の紹介をこう話した。

「対して銚子商は、甲子園20回出場。若い方はご存知か、あの名将斎藤一之さんの下、全国優勝1回、準優勝1回。昭和40年には、あの現読売ジャイアンツ(当時)の原辰徳監督のお父さん、原貢監督率いる三池工業高校と戦い、準優勝。昭和48年には、あの怪物、江川卓の作新学院に勝利。そして翌49年には、全国優勝を成し遂げた古豪であります」

それから時が流れ、２０２３年2月13日。今回の作品『歴史が始まった日』の取材のために銚子市に向かった。

取材場所は銚子商業高校から自転車圏内にある、ある企業。そこには『あてんぼう』という看板が見える。その企業の敷地内に車を止め、ある人物に会うために玄関を通った。しばらくすると応接間に通され、１人の人物が現れた。

「おう、元気か？」とひときわ元気な声で迎えてくれたこの人物こそ、阿天坊商店社長・阿天坊俊明氏である。

(現在も、社長業の傍ら、母校の後援会長として活動している阿天坊氏。写真は、大学の大先輩長嶋茂雄氏（読売ジャイアンツ終身名誉監督）のユニフォームをバックにして撮影：2023 年 2 月 13 日）

阿天坊氏は地元銚子市では名士であるが、それ以上に昭和の高校野球ファンの中では有名人である。

昭和40年、日本プロ野球界において、初めてドラフト制度が敷かれた年。千葉県勢初の甲子園決勝進出を果たした、銚子商業高校野球部から3人のメンバーがドラフト指名された。1人はエース・木樽正明。木樽はドラフト2位で東京オリオンズ（現千葉ロッテマリーンズ）に指名されプロ入り。通算113勝を上げた。

もう1人は、ショートを守った阿天坊。南海ホークス（現ソフトバンクホークス）から2位指名を受けたが、実家の家業を継ぐことを親から言いつけられていたため、当初は「大学までなら野球を続けても良い」という一言でプロ入りを拒否し、立教大学へ進学。立教大でも注目の的となり、その年の春のリーグ戦で、いきなり同校をリーグ戦制覇に導いている。野球選手としての実力も確かであった。

その後、阿天坊は親から言われた「4年間だけの野球」を終えたが、社会人野球「新日鉄室蘭野球部」の熱心なスカウトにより、社会人野球へ舞台を移し、2年目には大昭和製紙（現大王製紙）の補強選手として都市対抗野球に出場。時を同じくして、この大昭和製紙の補強選手として、同じ舞台で戦った1人の選手が北海道電電（現NTT北海道）から合流した。後の「小さな大打者」そしてヤクルトを日本一に導く、若松努である。

社会人野球を2年間過ごした阿天坊は、地元銚子市へ戻り、実家の家業を継ぐ事になる。名選手の帰還は、やがて母校の甲子園出場の力になるべくして、名将斎藤一之監督の声がかかり、時折コーチとしてグランドに出向き、はたまた後援会長として、物心双方から選手を支える存在になった。

取材に向かう前、筆者はあるネット記事を見た。後援会長である阿天坊のインタビュー記事「私財を投じて、遠隔地から銚子商に通う野球部員の為に寮を作った」というものだった。その当時、にわかに信じられなかった。いくら母校の後援会長だからといって、公立高校の寮を作ることまでできるのか。

しかし、その事実を目の当たりにする事となった。

阿天坊会長への聞き取り取材は、実に3時間にも上り、その後、会長が作った寮を見せて頂いた。

会社の敷地の隣の廃業した工場を土地ごと取得した後、施設を改装して、選手が寝泊まりできる部屋、シャワールーム、食堂を備えたと言う。私学の学校に勝るとも劣らない立派な寮がそこにはあった。また敷地内と、会長の自宅の駐車場スペースには、ティーバッティングができるスペースも作ってあり、まさに野球に集中できる環境がそこにはあった。

これを見たとき、会長の衰えぬ母校への「情熱」というものを垣間見ることができた。これについて会長はこう話す。

「寮を作らなければ、公立高校である銚子商に来ないじゃないか」

筆者は思った。まだ阿天坊会長が家業の社長を続ける理由は、母校の甲子園出場を夢見ている、と。

取材後、帰宅する前に会長が見送ってくれたが、筆者は思わず、

「会長、甲子園行きたいですね」と言うと、会長は、

「行きたいよ！！」

阿天坊会長の一言は力強くもあり、そして今でも自身がそうであったように、母校の後輩たちが、再びあの聖地に降り立つことを夢見ている。

千葉県勢初の快挙の始まりだった「敗戦」

昭和40年千葉県春季大会準決勝。銚子商と習志野高校の好カードの一戦は、スコア１－０で習志野の勝利となった。その試合は、その日の第二戦だったため、試合自体は昼前には終わっていた。

試合終了後、球場を見渡した斎藤監督はスタンドにある人物を凝視した。その人物が球場から去ると、斎藤監督は選手に伝えた。

「電車には、最終電車で帰るからな」

選手は多少の緊張の面持ちで、その指示を受けた。

成田で行われたこの試合、当然、銚子商のファンクラブである『土手倶楽部』の面々も、「負けた」その試合を見ていた。地元銚子市には、あと2時間ほどすれば、対習志野戦敗北の報が広がっている。いや途中、公衆電話等で連絡が広まっている可能性だってある。この状況で町に帰ることはできない。この時間で帰ることは、選手たちにわざわざ市民からの罵声を浴びせに行かせるのと同じ意味であると斎藤は考えた。市民が寝静まるころに銚子市に帰ることを選択した。

一行は既に暗くなった電車に乗りつつ、疲れ果てていた体を休めた。暗くなった銚子駅で銚子商ナインが電車を降り、ひとまず家路につく。

斎藤監督はキャプテン加瀬、エース木樽、阿天坊を帰り間際に呼び留めると、「明日話がある。放課後に監督室に来てくれ」と伝えた。神妙な面持ちは、呼ばれた3選手も監督が何を考えているかが良くわかっていた。

翌日、学校へ向かう銚子商の生徒に交じって、野球部員の姿もあったが、その部員を通りすがる人、車ですれ違う人の視線を奪った。その視線は自分たちの悔しさをぶつける、いわば「怨念」めいたものがあった。ただ「熱しやすく冷めやすい」ラテン系の市民にとっては、敗戦から一日経ったこの日は、罵声を浴びせるという行動をとった市民を見かけることは無かった。

放課後、昨晩の3人が監督室へ集まる。斎藤としては、やはり一昨年の甲子園ベスト8から、昨年の千葉県大会2回戦敗退（東金商業7－2）の頭もあり、今年はこれを払しょくしたいという思いがあった。だが夏前の春先に、この敗戦。しかも向こうの習志野には、銚子商エース・木樽正明と双璧と言われた、主砲・谷沢健一がおり、その一発で敗戦となった。ライバルの一発で敗れたというインパクトと悔しさは、相当なものだった。

斎藤は口火を切る。

「明日からの練習をどうするか」

3人は言葉を選ぶが、その中でショートを守り、中心選手だった阿天坊が答える。

「とにかく我々は左投手に弱い。ここを何とかしませんか」

当時、習志野には左腕のエース東上がいた。習志野のエースが左投手という事もあり、ここを何とかしないといけないという話がまとまった。

斎藤は、ある場所に電話をした。

「もしもし、お世話になります。斎藤です」

電話の向こう側の人物が、斎藤の電話に出ると、

「すみません、来週のこの日なのですが、彼に銚子まで来て頂くことはできますでしょうか？　もちろん、お礼はさせて頂きたく思いますので…」斎藤は受話器を切った。

「これで東上を攻略できるかもしれない」斎藤は小さくつぶやいた。


銚子商には長きにわたる「弱点」があった。

阿天坊氏はこれについて話す。

「銚子商は、歴史的に見て『左』というキーワードに弱かった。特に左投手は全盛期にもあまり存在せず、またバッターは左投手に非常に弱かった。またもう一つ言うと、左打者もあまり存在なかった」長い同校の野球部歴史の中で、多くのプロが生まれたが、左打者に限ると、代表例が篠塚和典（巨人）と澤井良介（ロッテ）くらいしかいないと言う。

この当時の銚子商ナインでも全員が右打者で、夏の甲子園出場後に行われた国体では、メンバーの中の1人を無理やり両打にして、盗塁を仕掛ける際には左打席に立って、キャッチャーの「妨害」をさせたというエピソードがあるほど、銚子商には「左」の選手がいなかった。のちにこの問題については、名将斎藤一之の考えが冴えわたることになる。

斎藤政権前の銚子商と嶋田市長が描いた野球の町「銚子市」へ

銚子市は「銚子」という名前が付いた高校が、3校甲子園に行った過去がある。現在では、銚子西高と市立銚子が統合されたので、甲子園出場経験がある学校は2校になったが、それでも激戦区千葉において、かつて町内にある3校が甲子園出場経験があるという状態は、全国でも珍しいかと思われる。

その大元は、かつて銚子市の市長であった嶋田隆氏の功績が大きいと言われている。昭和28年、銚子商は春のセンバツで同校の歴史で初めての甲子園出場を果たす。

資料が古く確実とは言えないが、昭和27年の秋季大会の千葉県大会で優勝し、関東大会では決勝に進出。決勝では東京の早稲田実業と対戦し、最初の戦いでは日没引き分けとなり、再試合の後敗戦したが、千葉県大会の優勝の実績を買われ、初の甲子園出場となった。甲子園では、初戦は土佐と対戦し、鉄腕、原投手が土佐打線を完封し3－0で勝利した。これは、銚子商の歴史の中で、初の全国での勝利となった。ちなみにこの時の監督は迫畑正巳という人物が指揮を取っている。

しかしここから4年間、甲子園とは縁遠くなってしまう。後の後援会長・鎌倉国松氏によれば「汗と涙と失望の繰り返しだった」として、次なる目標を選手権大会、つまり夏の甲子園出場に絞る。

そして銚子商は、当時銚子市の教育員会に勤務していた、鈴木源三郎氏を監督に迎え、同時に「中学教師・斎藤一之」に鍛えられた、銚子一中野球部員が入学したことで、昭和33年、銚子商業野球部としては、初めての夏の甲子園出場を果たす。

初戦の甲賀高校に5－0で勝利。初の夏の甲子園でも1勝をもぎ取る。2回戦は強豪、高知商相手に4－1と敗退するが、全国の場でも銚子商の名を連ねることに成功する。

この頃、銚子市では、野球の力によって、町を盛り上げていこうという動きがあったという。その中心にいたのが、当時の市長である嶋田氏だという。

鎌倉国松氏の手記によると、この時の監督である鈴木源三郎氏は、嶋田市長をはじめとする有力者たちの協力のもと据えられた監督だとある。そしてこの頃から、銚子市内、そして県でも精鋭のチームと言われた、銚子一中のメンバーが続々と銚子商野球部に入り、銚子商は一層野球に力を入れ始める。そして3年後の昭和36年、当時職安において銚子商に用務員として働いていた、篠原保氏が監督を務め、夏の甲子園出場を果たす。この後、嶋田市長をはじめとする有力者たちによって、この銚子市の野球熱はさらに加速した。


この頃、嶋田市長の中で、1人の中学教師が注目を集める。当時、銚子一中に勤務し同校野球部の監督に就任していた、斎藤一之監督である。先の二度の甲子園出場の原動力となった、銚子一中野球部の部員を鍛え上げた青年監督に、甲子園での全国優勝の夢を託したいと考えていた。

だが、銚子市の野球のレベルを底上げするには、銚子商野球部の監督に斎藤を添えるだけでは物足りないと考え、この斎藤のライバルになりえる人物を、もう一つの野球強豪校、市立銚子の監督に据えるという計画だった。その人物は矢部昌弘氏である。当時、銚子三中の野球部監督として、同じ町内の銚子一中の斎藤一之監督のライバルとして切磋琢磨していた。この様子に嶋田市長が目を付け、次なるステージ「高校野球」という舞台を矢部氏に与えた。

矢部氏は昭和56年に、千葉県大会決勝で斎藤率いる銚子商を破り、創部6年目で銚子西を初の甲子園出場に導くことになり、市立銚子で10年間、市立銚子西高校で17年間の野球部監督を務めた。

詳しい資料が存在しないため、定かではないが、数少ない資料を遡ると、矢部氏が市立銚子の野球部監督に就任したのは、昭和42年と推測される。

このような動きは、嶋田市長の野球に対する本気度が垣間見えた。

銚子商黄金期と欠かせなかった「銚子一中」

斎藤監督が銚子一中から、銚子商業高校に赴任したのは、1962（昭和37）年。同時期、斎藤に鍛えられた、銚子一中のメンバーも恩師の斎藤の元へ続々と入学してくる。

阿天坊氏が語るに、この時期の銚子商野球部には「銚子一中」という言葉がキーワードだと言う。

「当時の銚子商は、一中のメンバーが半分以上いないと勝てないというジンクスがあった」。ジンクスだけではなく、レベルの高かった銚子の中学野球の中でも、斎藤に鍛えられた銚子一中のメンバーは、その後、野球の町、銚子市の原動力となったと話す。

では、その他の中学野球選手はどうしたか。

「当時の四中の野球部監督は、自分の教え子が銚子商の野球部に進もうとすると、決まって引き留めた。その理由は、どうせ銚子商に入っても、選手としてのレベルが高い、一中出身の選手と競争で勝たないといけないことが明白だった。その上、一中は斎藤先生の古巣。そこで同じ時期に、銚子商の同じ市内での対抗馬とされた、お山（市立銚子高）の方へ入学する動きが多かった」と阿天坊氏は語る。

阿天坊氏が四中の卒業当時、銚子商の野球部後援会の会長を務める人物を父に持つ同級生も居たそうだが、結果としてその人物も市立銚子に進んだと話す。

そう語る、阿天坊氏も銚子四中出身。

昭和36年に甲子園に出場した時の篠原監督時代は、メンバーの出身中学は非常にバラエティに富んでいた。篠原氏が飯岡中出身という事もあり、旭や飯岡など銚子市内のメンバーだけではなく様々な場所から選手を入れていたが、銚子一中のメンバーが主力だった。斎藤監督就任2年目で夏の甲子園ベスト8のメンバーの多くも銚子一中が主力であった。

この頃から先にも話したように、9人の内、半分は一中のメンバーが入らないと、勝てないというジンクスが生まれたという。

そうして、阿天坊と同期の当時の四中卒業生は、阿天坊と下田（阿天坊と共に昭和40年に甲子園の土を踏むことになる）が銚子商へ進み、残りの7人は市立銚子へ進んだ。この下田は、いわゆる「定時制」の生徒だった。

昭和30年代後半から40年代にかけて、銚子市では、農家や地元産業の一つである、漁業に関わる「魚屋」が多く、その家の子供として生まれた者は、家の商売の手伝いをしてから学校に行くことも珍しくはなかった。そのため、現代における「定時制」のイメージとは違い、そのような理由で、昼に学校に行けないポテンシャルを持った「優秀」な学生も多く、定時性に通っていた時代があったという。銚子商野球部にも数多くいた。

黄金の40年代の立役者「篠原コーチ」就任

昭和40年の春。銚子市市長の嶋田は市長室の天井を仰いでいた。机の上には、地元紙『大衆日報』が2枚広げられていた。一枚は、昨年の夏の千葉県予選の結果、銚子商2－7東金商業、と書かれていた。

そして、もう一枚の記事には、先の春の千葉県大会、準決勝の習志野戦での結果である、1－0の文字が載っていた。

天を仰いだ嶋田は、ふと「そうだ…」と何かにとりつかれるように、市長室にある電話のダイヤルを回した。5回ほど鳴らした後、ガチャ、と先の受話器の音がした。

「おう、久しぶり。元気しているか？」

受話器の向こうの声を聞くと、嶋田の顔に笑みが戻る。

「ちょっと話がある。明日市長室に来てくれないか？」そう言うと、嶋田は受話器を置いた。

嶋田の顔には笑みの後、多少の緊張感が漂っていた。


翌日、嶋田は市長室から、その人物が玄関に向かうのを見て安堵した。それは「正直、来てくれない可能性もあった…」と内心感じていたからだった。

しばらくすると、市長室のドアにノックが聞こえた。「失礼します」

姿を現したのは20代後半くらいの体格のいい青年だった。その姿を見るなり、嶋田は少しの安堵と多くの緊張感を持ち「まあ、かけてくれ」とソファーに勧めた。

「どのような用件でしょうか？」男がそれを聞くなり、嶋田は少し間を置いた。

「単刀直入に言う。商業の野球部コーチになってくれないか？」

男はそれを聞くなり、表情を変えず「続けてください」と嶋田に返した。

「知っての通り、昨年全国ベスト8まで行った商業だが、今年は県3回戦負けだ。確かに昨年、甲子園に行ったが、このままでは、ずるずると負ける可能性もある。そこで、甲子園を知っている、元監督である君に、常勝銚子商野球部を、斎藤君と共にもう一度作り上げて欲しいんだ」嶋田の声には、悲壮感と危機感がにじみ出ていた。

男は、少し間をあけながら、

「わかりました」と言って市長室を出た。嶋田は、今自分ができるベストの選択をしたという自負が、体全体を覆っていた。

昭和40年の夏前、その男は斎藤のいる監督室に向かった。

「失礼します」とその男がノックをすると、斎藤は「よく来てくれた」と迎えた。

「正直、引き受けてくれるとは思っていなかった」と斎藤は話すと、

「いえ、母校の為でもありますが、市長の頼みであれば断れないでしょう」

その日の練習の前に、斎藤は選手を集めた。

斎藤の横に、背丈は斎藤と同じくらいだが、いわゆる「ガタイ」がいい男が横にいた。するとその姿を見た数人の選手は驚いていた。

「なぜあの人が…」「商業から去ったはずだったが…」

口々にそのような声が聞こえていたが、その男は勢いよく叫んだ。

「改めまして、商業のコーチをすることが決まった。みんなよろしく！」

この男こそ、後に「常勝」銚子商野球部のカギとなる人物、元銚子商甲子園出場監督であった、篠原保である。


その男が、再び商業のグランドに足を踏み入れた時、選手たちは驚いた。かつて商業が、4年前に甲子園に出場した時の監督が、自分たちのコーチに？　一昨年に甲子園ベスト8に導いた現監督の斎藤一之。その横にはその4年前に、商業を甲子園に導いて、聖地で1勝を上げた篠原保。共にチームを甲子園に導いた人物が、一つのチームに2人もいるというインパクトは計り知れなかった。

後に阿天坊氏は、この事について
「監督を務めた人が、一度監督を退いてコーチとして戻ってくるなんて考えられなかった」

と話す。しかし阿天坊氏は、この篠原コーチこそ、常勝軍団、銚子商野球部を形成するに非常に重要なピースだったと語る。

当時、斎藤が監督に就任時の印象は、斎藤の野球は「非常に厳しい」イメージだったという。別視点でいえば「緊張」や「堅い」というイメージであった。しかし、篠原氏がコーチに就任してからは、練習自体は更に厳しかったが、その中で選手たちに、野球の「愉しさ」というものを植えていったという。一言で言えば「言葉」。言葉をうまく使い、選手を盛り立て、厳しい練習を乗り切らせたというのは、篠原氏の手法だったという。

その代表例が「自転車おっぺし」というものだった。「おっぺし」というのは、銚子方面の方言で「押す」という意味である。

この練習は、銚子商に至る道の途中に、やや急な坂道があり、この場所で篠原コーチが乗った自転車を選手たちが押して、学校まで上り切るのだという。この「自転車おっぺし」が、後に、初の千葉県勢全国決勝進出の大きなカギとなる。この練習はかなりきついもので選手が根を上げる程のものだったという。

そういう時に、篠原コーチは、阿天坊他、選手に対し「これをやれば、習志野高校に勝てるんだ！」と掛け声をしていたという。甲子園出場に青春をかけた純粋な選手たちは、甲子園に出たことのある元監督の言葉を鵜呑みにし、厳しい練習に耐えた。

また、篠原氏の入閣により、斎藤自身が試合の指揮に専念できるという効果が見え始めた。練習においては、基本的にノックを打つのは篠原コーチ。そして、締めに斎藤が最後の一本のノックを打つという、流れができていたという。

こうして、2人の甲子園出場経験を持つ指導者を迎えた銚子商業。

後に、同校野球部を黄金時代に導く動きではあったが、このように昭和30年代後半は、常勝銚子商野球部にとって、銚子市の行政と、現場にいた実力者を集め、その後、実に約30年という長い期間、野球王国千葉おいて、銚子市が「野球の町」として君臨する礎を築いていった時期である。

銚子市市長の嶋田は、なぜ篠原をコーチとして招聘したか。

これには、篠原コーチ誕生を「急がせる」出来事が、銚子商業と嶋田市長にはあった。

斎藤が銚子商野球部監督に就任初年度である昭和37年の夏は、千葉県予選の初戦で敗退(県立千葉5-4)。しかし、翌昭和38年の夏は、見事千葉県、東関東大会を制し、斎藤監督としては初の甲子園出場。全国ではベスト8まで食い込んだ(今治西0-3)。

この時、後の甲子園準優勝投手となる、木樽正明氏は1年生からベンチ入りし、一塁手の控えとしてベンチにいた。4番でサードを守っていた田中達彦が、後に南海ホークス(現ソフトバンクホークス)へ入団、プロ入りしている。

就任2年目にして、甲子園出場、しかも全国ベスト8という結果は、銚子市民も歓喜に涌き、また銚子を野球の街にしようと、斎藤や、そのライバル役として、その後銚子三中から、矢部を市立銚子高校野球部の監督に擁立しようとした嶋田市長はじめ、行政も幾分かの安堵感があった。

だが、翌昭和39年はまさかの千葉県大会、3回戦で銚子商は姿を消す。（東金商業7－2）

確かに、斎藤を監督として擁立してから2年目で甲子園ベスト8は普通であれば快挙である。しかし、県予選で負けた相手は、いずれも習志野や千葉商などの強豪ではないことも手伝い、行政側も何とかこの好成績を安定的に残せないかを考えた。

市内では、この結果に「あの甲子園ベスト8はまぐれだった」という声が囁かれ、この事実に焦ったのは、斎藤を監督に押し上げた市長の嶋田であった。

その斎藤が監督就任前年の昭和36年には、銚子商が甲子園に出場していることもあり、「新人監督に何には荷が重すぎる」と囁かれた経緯もあった。

ここで、篠原コーチ就任だったという。

これについて、阿天坊氏は、

「甲子園に届かなかった年も出てきている中、ここで銚子商をなんとしてでも強くしなくてはならない」と行政側もそう感じており、元監督の篠原にコーチ打診をしたと言う。

篠原は銚子商出身で、当時は職安勤務だった。そのつながりで、銚子商の用務員として勤務し、その傍ら銚子商野球部の監督の座についていた。

その後、斎藤の監督就任に伴い、その座を譲ったが、銚子商野球部の強さを確かなものにするために、再び母校のユニフォームに袖を通した。

通常なら、監督までやった人物がコーチとして戻ってくるという事は、プライド等の要因でほとんどない。嶋田市長はじめ、行政側からの強い説得があったという。

こうして昭和40年、元銚子商野球部監督にして、甲子園出場監督、そして甲子園で勝利経験がある人物が、斎藤の右腕として帰還した。

阿天坊氏は

「銚子商の強さは、コーチと監督の力にあった」と話す。銚子商の黄金期とされた、昭和40年代。銚子商には長い間、この篠原コーチが斎藤の右腕として存在し、練習メニュー、ノック等その指導で選手を鍛え上げ、斎藤は試合の指揮に専念できた」と話している。

打倒習志野の秘策

斎藤は、当時から勝負師として名が知れていた。その所以はデータの重視、そして決して、相手に手の内を見せないというところであった。

手の内を見せないというのは、どういうことか。代表的なのは、千葉県内の高校と練習試合は滅多に行わないという。基本的には、県内の高校から練習試合の申し込みがあっても、断っていたという。

阿天坊氏によると、当時銚子商が主に練習試合の場として戦ったのは、神奈川と東京、そして茨城地方だったという。神奈川であれば、横浜商業や横浜高校。東京であれば帝京高校とよく練習試合を行っていたと話す。他県であれば、甲子園や関東大会で当たるくらいしかない。斎藤の考えとしては、毎年、秋、夏と甲子園に出るためには、必ず千葉県大会を制する必要があった。その千葉県内のチームと試合をするということは、手の内を見せてしまう事になる。

特に、当時の宿敵の一つ、習志野とは一切練習試合は行わなかった。

阿天坊氏は続ける。

「もし県内のチームと試合をするという事になれば、必ず勝てるチームとしか試合をしなかった」という徹底ぶりである。

だが試合となれば、公式戦でのぶっつけ本番になる。最大の難関である習志野高校の左腕、東上の攻略をどうするか。斎藤は悩んだ。

試合において、都合よく左投手を試させてくれるという学校は無い。

斎藤は電話の受話器を取り、ダイヤルを回した。

「お世話になります。お願いがあるのですが、よろしいでしょうか？」

しばらく話をして電話を切ると、再び電話のダイヤルを回す。相手方が電話に出ると、

「お世話になります。すみません、例の件で少し用立てをして頂きたいのですが…」

神妙な顔で斎藤は、その返答を聞くと、安堵の顔をし、受話器を置いた。

「これで間違いなく、習志野に勝たないとな…」そうつぶやいていた。

既に夏前の合宿の時期に入っていたが、この年、夏前に就任していた篠原コーチの提案で、それまで3週間に3泊4日で行われていた合宿が、4週間に変更された。つまり「厳しく」なったのだ。

そして、その合宿中に見慣れない人たちが、3人ほど銚子商野球部を訪れていた。

「みんな、ちょっと集まってくれ」

斎藤がそう言うと、選手たちと篠原がベンチ付近に集まった。

「知っての通り、我々は左投手に弱い。しかし、習志野のエース東上は左投手である。これを打ち崩さないと、甲子園は無い。そこで、今回はこの方に左投手の打撃投手を頼んだ。みんな、これを噛み締めて、打席に入ってくれ」

そういう斎藤の目の前には、ひときわオーラを放った選手がいた。銚子商の選手たちが、

その選手の着ているユニフォームを見ると「駒沢」と読めた。

そう斎藤が呼んだ「秘策」。それは、当時駒澤大学の左のエースだった伊藤久敏投手（66年ドラフト2位、中日—太平洋）を銚子商に呼び、黒潮打線に対しバッティングピッチャーをしてもらったという。これには、当時の選手たちは驚いた。何せ、後にプロに駒を進める投手である。とてもではないがレベルが違う。確かにプロレベルであるエース木樽の存在はあったが、右と左の差は大きい。見慣れない左から放たれる木樽と同等のストレートは、それだけでプラス5㎞の急速差さえ感じたという。

早速バッティングゲージに入った選手たちは、必死に伊藤投手のボールに食らいついていった。その姿を、斎藤と篠原は少しの間も目を離さず見ていた。

このような根回し、練習を重ね、習志野の東上を打ち崩すことを目指す。

実は、このような秘策は、これが初めてではなかった。

この年の昭和40年より2年前（昭和38年）の合宿。

やはり、大学生のバッテリーを呼び、自分たちより格上の投手をバッティングピッチャーとして読んでいた。当時1年生だった阿天坊氏は話す。

「その時、全勝優勝を果たした慶応大学のバッテリーが来た。これには驚いたが、さらに驚いたのは、当時の慶応大の監督をしていた、前田監督（前田祐吉）も来ていたことだった」。

当時を振り返っても、斎藤と後援会の繋がり、そして銚子市全体が、銚子商野球部に「賭けていた」と言えるエピソードであった。

ちなみに、このような「秘策」は毎年やるものではない。メンバーや状況を見て「今年は確実に甲子園に出られる」と感じた年だけ秘策を打った。

こうして、前年の3回戦敗退の危機感から、嶋田市長、斎藤、後援会が一体となった秘策は、銚子商悲願の全国制覇へ向かっていった。

甲子園の頂点を目指して

そして、夏の千葉県大会を迎えた。

とりわけ最も意識したのは、習志野の主砲谷沢と、エース左腕東上だった。特に左投手に弱いとされた黒潮打線は、斎藤のコネクションの力によって、アマチュア屈指の大学生左腕のボールを打撃練習の時点で見ており、対左に対しても対策を講じてきた。

銚子市民も春の準決勝から夏にかけて、視線を銚子商野球部に向けていた。また、土手倶楽部の情報から、コーチにかつて銚子商を甲子園に連れて行った元監督、篠原がコーチとして戻ったという情報も流れ、春の敗戦から一気に期待をかけるようになった。

※土手倶楽部とは、銚子市民の有志による、銚子商業野球部のファンクラブである。銚子商業のグランドはすり鉢状のグランドで、くぼんでいる形となり、グランドは低く、そして土手が形成されており、ここに多くの銚子市民が、銚子商業のファンたちが詰め寄せたことから「土手倶楽部」と呼ばれるきっかけとなった。

1回戦の印旛戦で8‐0と好スタートを切り、2回戦市川戦では11‐0、3回戦強豪千葉商に対しても7‐0と圧勝。

そして千葉県予選での代表決定戦、習志野を迎えた。

大会前、習志野高校野球部監督の市原弘道氏は豪語していた。

「今年のウチは県大会、東関東大会を全く問題にしていない。甲子園出場は確実で、全国制覇を狙う」

この言葉に、地元新聞社は反応し、一気に書き上げていく。

先の春季大会準決勝での対銚子商戦での勝利、県ナンバーワン左腕の東上、ナンバーワン打者の谷沢健一と、好条件が揃っていたため、そのような発言が出てもおかしくはない。しかし試合が始まると、その雰囲気は一変した。

木樽は習志野の主砲、谷沢に対して、春に打たれたスライダーを封印し、全てストレート勝負で抑えた。また、県下ナンバーワン左腕、東上に対しても、長短打合わせて7安打を浴びせ、5得点。エース木樽も習志野打線を寄せ付けず、結果として、5-0の完封で習志野を下す。この試合の結果は、大学ナンバーワン左腕を呼んでまでバッティング練習をした斎藤の執念が実った結果だったが、内心は「ほっとした」ものだった。同時に、篠原コーチのノックで鍛えられた堅いバックは、千葉県予選では全て失点ゼロという完璧な試合運びを実現し、次いで甲子園出場を賭け、東関東大会代表決定戦へと臨んだ。

この時期の高校野球は、昭和47年まで続いた「東関東大会」つまり、茨城県と千葉県どちらか一校しか甲子園に出られないという制度だった。この年、千葉県代表で選ばれたのは、銚子商業と千葉工業。

それぞれ東関東大会の日程が組まれた。銚子商‐土浦三、千葉工―日立一
千葉を制した銚子商ナインと最初に対峙したのは、茨城代表の土浦三。
この試合、後に阿天坊氏が、この予選で一番危機を感じたという戦いは、予選では初めて
リードを許した展開となった。
8回の銚子商の攻撃。3番に入っていた阿天坊が四球を選ぶと瞬く間に、二盗を決める。
阿天坊はここで決めないと後がないことが分かっていた。すかさず三盗を試みるが、ベンチ
の斎藤からはサインが無かった。すぐさま阿天坊は、斎藤に三盗のサインを要請するような
しぐさを取るが、齊藤は首を振った。
勝負師としても非常に難しい判断であった。足の速い阿天坊であるからこそ、無理をせず
しても、1ヒットで生還できるからだ。だが3塁に行けば、パスボールでも同点にできる。
斎藤の頭にも慎重にならざる得ない状況であるという考えがあった。しかし、阿天坊も、ラ
ンナー2塁と3塁では、相手投手に与えるプレッシャーが違うとも考えていた。
「先生、頼むからサインを出してくれ」

阿天坊が、幾度も盗塁のサインを出すようしぐさを出すうちに、斎藤の表情も変わった。

その時、盗塁のサインが出た。

阿天坊は、すかさず盗塁を試みると、悠々のタイミングでセーフとなった。

阿天坊が三盗を決め、打席には4番木樽。

すると、木樽が打席に入る前に、3塁走者の阿天坊が審判にタイムをかけた。タイムをかけた阿天坊は3塁ベースを離れ、打席の木樽の方へかけていった。阿天坊は木樽に一言掛けた。

「おい、あの自転車おっぺしを思い出せば、外野フライなんて簡単だろ?」

「まあ、そうだよな。」

声をかけられた木樽の顔も少し緩くなり、それを見た阿天坊は3塁ベースに戻った。

この様子を見ていた斎藤と篠原コーチは、ベンチで笑みを浮かべていた。木樽の緊張した顔がほぐれていたのを見て「あいつ、なんか言ったな」と小声で言っていた。

すると、その初球だった。甘いストレートを逃さず振りぬくと、打球はサードランナーの阿天坊のはるか頭上を越え、レフトスタンドに突き刺さった。起死回生のツーランで逆転した銚子商は、次の回に木樽が完ぺきに抑え、3－2で試合を制した。

この試合の勝利は、阿天坊が後に考えても、一番精神的に厳しかった試合と回想している。だが、この試合の勝利は、あの土壇場での、阿天坊が木樽にかけた一言に尽きた。篠原コーチが来てから数か月。それまで厳しさしか知らなかった、ナインに、厳しさの中の「愉しさ」を教えた篠原コーチの効果が発揮された。その大元を辿れば、自分が市長を務める街を野球の町にのし上げる為に、甲子園出場監督をコーチとして現場復帰させた、嶋田市長の執念でもあった。

そして、難関となった試合を制した銚子商ナインの勢いは、代表決定戦となった対日立一高戦へ（日立一は千葉工を9‐3で下す）。日立一は左の渡辺投手だったが、9‐0と圧倒。

斎藤監督政権として、2度目の甲子園出場となった。時のエース木樽にとって2度目の聖地となり、また阿天坊にとっては初の聖地となった。

東関東大会を制したナインによる斎藤監督の胴上げ

CHOSHO
「我らのエース 木樽」甲子園での第一球
ダイナミックな投球で 京都商を1点に
おさえて 勝利投手となり 今大会No.1の
投手(木樽派)

当時の銚子商のエース、木樽正明投手

2年ぶりの甲子園へ

こうして、銚子商ナインは破竹の勢いで聖地にたどり着いた。

「聖地」での緒戦を控え、ベンチに入った斎藤監督と篠原コーチは、懐かしそうに聖地を見ていた。互いに甲子園で勝利を挙げたことのある監督と元監督。その存在がこうして同じベンチにいることが珍しいのである。

1回戦の相手は、京都、滋賀代表の京都商業。そう、伝説の投手「沢村栄治」の出身校である。

CHOSH
第47回全国高等学校野球選手権大会
第一戦とあって みんな緊張し縮まってる.
僕の緊張した顔 でもイカスな！

初戦での銚子商のベンチ。緊張の面持ちに見える

CHOSHO
試合前 監督からアドバイス、サインの確認、etc
第一戦とあって僕は少しアガリ気味だった。

緊迫した展開での試合では、監督としての読みがさえた。
ベンチでは入念にサインの確認が行われた

いわばレジェンドの出身校であるが、銚子商ナインは臆することなく、京都商業田中投手から2回に2点を挙げる。エース木樽は7回に1点を失うも、1点のリードを守り切り、接戦を制した。

続いて2回戦は、北北海道代表の帯広三条高校。この試合は黒潮打線が初回に3点、3回に2点、9回に1点と効率よく6得点を挙げ、投げては木樽が1点に抑えた。途中控え投手の鮎川にスイッチし、若干であるが、エース木樽の球数を温存できた。

強敵を2校倒すと、いよいよ地元銚子市と千葉県も盛り上がりの様相を見せていた。

そして、準々決勝の相手は長野代表の丸子実業。ここでも黒潮打線は3回、7回、8回と小刻みに1点を挙げ、エース木樽は前の試合で温存できたこともあり、丸子打線をシャッタアウト。見事完封で勝利を挙げた。

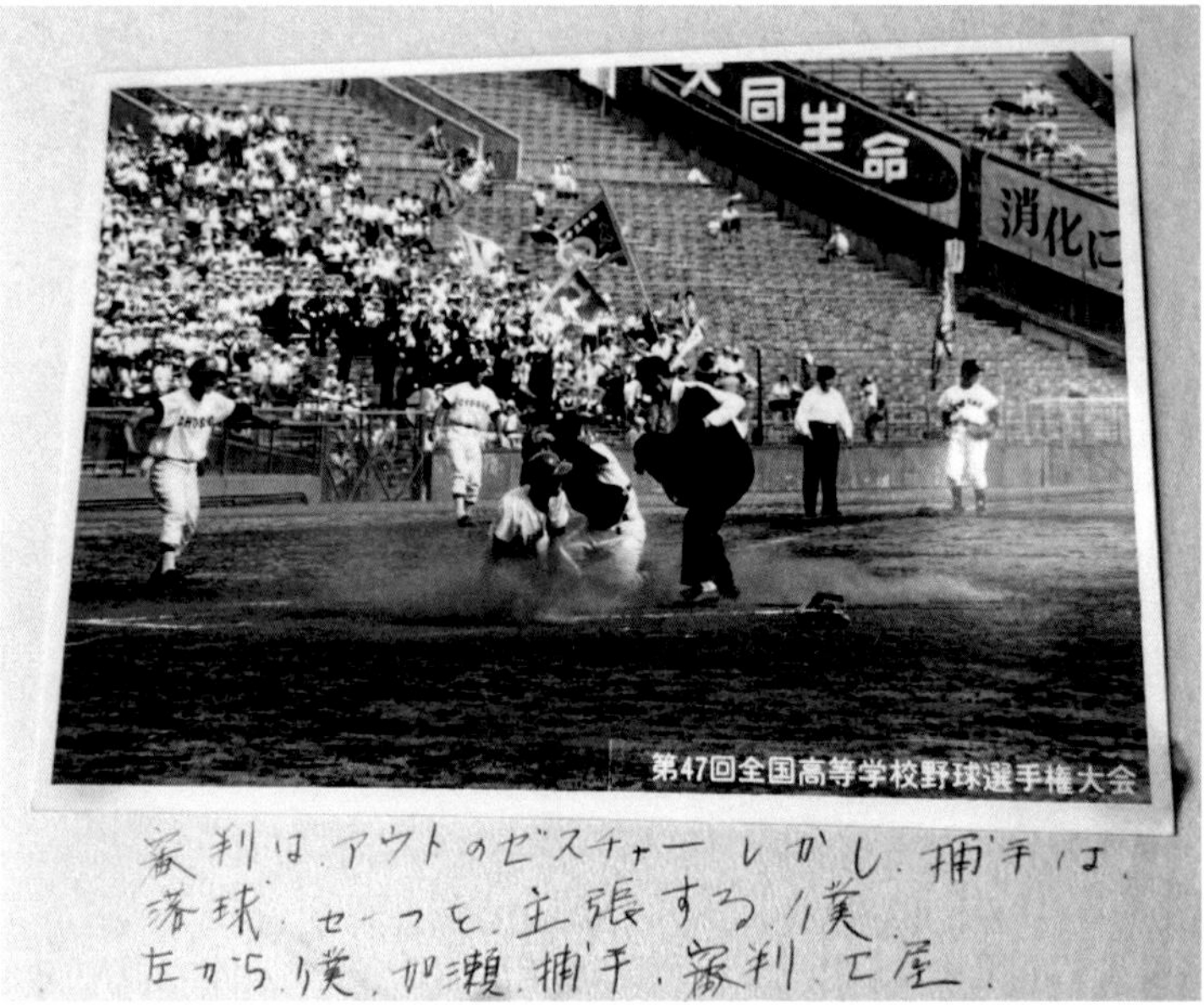
同生命
消化に
第47回全国高等学校野球選手権大会
審判はアウトのゼスチャー しかし捕手は
落球 セーフを主張する僕
左から僕、加瀬、捕手、審判、土屋

初戦のでの京都商業戦でのクロスプレーのワンシーン

準決勝に駒を進めると、ここまで銚子商の快進撃を見て歓喜に涌いた銚子市民は、準決勝の相手を聞くたびに息をのむ。エース牧憲二郎（元南海）を擁する、高鍋高校である。

高鍋は、ここまで2回戦から始まった全国大会を、初戦、保原高校（東北、福島代表）を6－0、そして準々決勝では、愛知代表の強豪東邦高校までも、6－0と完封した。

この2戦で圧倒的な投球を見せた牧は、一躍注目の選手となる。牧は銚子商の木樽と負けず劣らずの速球だ。当時「ドロップ」と呼ばれた、縦カーブに変化球のコンビネーションで、ここまでの戦いを圧倒した。

高鍋高校は先のセンバツ大会では、向陽高校（和歌山代表）に2－5で初戦敗退するが、迎えた夏は、南九州・宮崎代表として甲子園へ出場。

銚子商戦まで、無失点投球を続けた剛腕に、斎藤監督と銚子商は戦いを挑むことになる

甲子園が始まる前から前評判が高かった高鍋とエース牧。そして剛速球投手として激戦区千葉と東関東を戦い抜いた剛腕木樽。時は甲子園準決勝。

高鍋・牧、銚子商・木樽。全国が注目した激戦の火ぶたが切って幕が開けた。
斎藤が銚子商野球部監督就任から4年目の出来事だった。

３人の「ドラフト選手」の戦い　剛腕牧憲二郎との死闘

試合は4回、高鍋が2本のヒットで1点を先制。その裏、一死1、2塁とした銚子商は、2番伊豆を迎え、斎藤がベンチ前に仁王立ちになる。早めに追いつきたい斎藤はサインを出す。2ボール1ストライクとした伊豆は、牧が投じた4球目に対しバントの構えを見せた。ボールは、伊豆のバットをすり抜けたが同時にランナーがスタートを切り、オールセーフとなる。ベンチの斎藤は、一度は身を引いたベンチから、再びベンチ前に乗り出す。

カウント2ボール2ストライクと追い込まれた伊豆は、ベンチを見て、打席に入り投球を待った。

そして牧が投球する直前、バントの構えをし、スクイズを敢行したが、高鍋バッテリーが察知したのか、大きく曲がるカーブを投げさせ、伊豆はスクイズ失敗。スタート切ったサードランナーは挟まれタッチアウトとなり、銚子商は最初の得点のチャンスを失う。

同点に追いつけるチャンスだったが、高鍋バッテリーの読みの勝利だった。

その後、5回、6回と、木樽、牧の好投が続いたが、にわかに試合が動き出したのは、7回裏の銚子商の攻撃だった。

先頭の3番阿天坊は、3ボール2ストライクと追い込まれた後、6球目を見極め、この試合両チーム通じて初めての四球を選ぶ。

4番木樽が打席に立つと、阿天坊の目の色が変わる。投手戦となったこの試合で、この剛腕投手を崩すには、足で崩すしかない。

ラジオの解説者も「高鍋バッテリーが気を付けなければならないのは、単独スチールでしょう」と言った矢先、初球を投げた牧のモーションを完全に「盗んだ」阿天坊は、盗塁成功。

ヘッドスライディングはしたものの、キャッチャーがワンバウンドボールに対応したため、投げられない。

試合展開だけ見れば、銚子商がリードされているという感は無く、むしろ失敗を恐れず、ランナーを走らせていた。この展開から、牧の投球の間隔が少しずつ長くなっていくのが分かった。

だが、銚子商打線も牧の投げる落差の大きいカーブに対し手を焼き、続く4番木樽は三振。依然として、2塁にランナーを置く牧は、必要に2塁の阿天坊を気にする。途中牽制を挟みながら、3球目を投じると、阿天坊がスタートを切る。しかし、田中がファールを打つ。牧は、大きく息を吸いながら、ボールを受け取るが、気にするだけで体力を失われるのを感じているようにも見えた。

一方の阿天坊は、スタートを切っては打者がファールを繰り返していても、顔色は変わらず、牧を翻弄する。

銚子商が前の試合の丸子実業（長野代表）戦で、ランナー2塁から送りバントを実行した時、ファーストに送球している間に、2塁ランナーがホームに帰ってくるというプレーを見てからか、高鍋バッテリーもランナーの足を気にするしかなかった。

一球ファールを挟み、続く4球目も阿天坊がスタートを切る。しかし、田中の打った打球は3塁線を切れファール。田中も粘り、7球目までファールを打つが、その間もう一度、スタートを切る阿天坊。

身を乗り出した斎藤が、渋い顔でグランドを見ていた。回は7回。ここで同点に追いつきたいという思いが、斎藤には滲み出ていた。この回までに銚子商は3つの盗塁を決めていた。

阿天坊が、塁に戻ると、一度、二度とマウンドを外す牧。ボールは投げないが、明らかに阿天坊の足を警戒しているのが分かる。なかなかホームに投げない牧がようやく投げた8球目は、カーブが大きく外れボールとなりフルカウント。

明らかに、自分のリズムを取らせてもらえない牧にも、焦りの色が見える。その牧を尻目に、足をその場で蹴り、いつでも行くぞ、と威嚇する阿天坊。

フルカウントを前に、またもマウンドを外す。気を取り直し、セットに入った牧は、今度はセカンドに送球。ショートが受けたがタッチはできない。

ホームベース上では、牧VS田中という対決だが、2塁上では、それ以上に激しい、牧V

S阿天坊の戦いが続いていた。銚子商は塁上と打席から、稀代のエースを切り崩しにかかっていた。

結局、フルカウントからボールとなり、田中に四球を許す牧。ここで打席に入るのは、スタメンの下田から途中変わった、一年生の土屋。この打席が初めての打席だった。

だが、やはり、まだ1年生という事もあり、経験不足は出てしまったせいか、1、2球とファールを続け、追い込まれてしまう。しかし、その間も牽制を挟み、牧は2塁の阿天坊を気にしていた。そして3球目を牧が投げた瞬間、2塁阿天坊、1塁田中がスタートを切った。ボールは2塁走者の阿天坊を警戒し、完全にウェストしたボールだったが、それでも阿天坊を指すことができず、オールセーフ。

完全に銚子商の優勢に見えたが、未だ1点が遠い。三度チャンスを作った銚子商。

カウントは、1ボール2ストライク。

ここで、高鍋側ベンチから伝令が出ると、銚子商側ベンチからも、バッターの土屋に対し、伝令が贈られた。

それぞれ時間を使い、伝令が下がると、試合再開。守る高鍋側のショート、ファーストが前進。外野も定位置より前進を敷いていた。

牧はセットに入りながらも、3塁走者の阿天坊を警戒し、執拗に牽制を送る。

そして4球目はカーブがワンバウンドしボール。カウントは2ボール2ストライク。5球目はシュートを土屋がファール。牧が6球目を投げる瞬間、プレートを外す。3塁走者の阿天坊がどうしても目に入るようだった。そして6球目。落差の大きいドロップが、いい高さに決まり、土屋は手が出ず、見逃し三振に倒れる。


次の和城の打席の前に、阿天坊が「タイム」と三塁審判に声をかけると、バッターボックスに向かう。ベンチの指示ではない。阿天坊が、東関東大会での土浦三高戦で見せた、あの一言に近いものだった。

阿天坊が三塁に戻ると、試合再開。初球ドロップが入りストライク。2球目は直球を空振り。3球目はボール。1ボール2ストライク。

ベンチの斎藤は、先ほどまでベンチから身を乗り出していたが、ベンチに座り足を組みながら戦況を見守っていた。

そして4球目。牧から放たれたドロップを和城のバットが空を切る。2者残塁。ここでも銚子商、追いつくことはできなかった。

この試合を、誰よりも銚子商の勝利を願っていたのは、銚子市民と嶋田市長だった。嶋田はこの試合のラジオを、かたずをのんで聞いていた。

自身が目指した「野球の町」。市の有力者と手を組んで、やれるだけの事はした。その結果、3年後に甲子園準決勝。2年前は甲子園ベスト8で負け、それでも快挙だったが、やはりその先には全国優勝の夢があった。嶋田は分かっていた、ここまで来ることは容易ではない。何とかこの試合を、どんな形でもいいから斎藤と篠原に勝ってもらいたい。誰よりもそう思っていた。

7回の裏。結果として一死2、3塁から得点できなかった銚子商は、1点リードされた状態で8回を迎える。

8回の表。5番水沼・2ゴロ、6番田原・遊ゴロ、7番七巻・三振、と完璧に抑え込む。木樽からも、ここで点を取られる訳にはいかないという思いが、ピッチングに見えており、点を許した4回以降は、完璧なピッチングを見せた。そして8回。まずは同点に持ち込むには、もはや、あと2回しかない。

ベンチの斎藤も、前のめりになって戦況を見ていた。

そして8回の裏。8、9番を打ち取られた後、1番センターの高野がセンター前にヒットを打つと、2番伊豆へ投じた初球で、ここまで2盗塁している高野が、この試合で自身3個目の盗塁、チーム6個目の盗塁を決め、二死二塁とする。攻撃側の銚子商からすれば、二死であれば、ランナーが打ったらスタートを切る場面なので、無死、一死よりもランナーに迷いがなく点が入りやすい。

バッターボックスには2番伊豆。初球は、カーブを見極めてボールとなったが、2球目はストレートを空振り。その後は、カーブ、ストレート、カーブと続き、フルカウントとなる。

その様子をベンチの斎藤は、しきりに気にし、2塁の高野に向けてサインを出していた。

高鍋バッテリーも、この状況でランナーを背負う事を気にしたのか、間で一度牽制を送る。普通なら負けている場面では、安全を優先して、走らせないことが多いのだが、負けていても銚子商の執拗な足を絡めた攻撃に、高鍋バッテリーも神経質になるしかなかった。

そして6球目のファールの後、7球目。高めに浮いたカーブを、伊豆は見逃さなかった。振りぬいた打球はサードの頭を超え、レフト線に抜けていく。そしてスタートを切っていた高野はホームインし、ここで同点とした。

ついに、追いついた。負けている場面でも、残塁になろうとも、ひたすらスタートを切った斎藤野球の執念が、ついにこの大会屈指の投手をとらえた。

その後、後続が打ち取られたが、ここで振り出しに戻した銚子商ナインは、再び勝利へと試合を運ばせるために、一つ気合を入れた。

9回の表。高鍋としては追いつかれた後に再度リードしたいところ。対して銚子商は、ここでまた引き離されるわけにはいかない。

高鍋は、8番サード木下からの攻撃。その初球だった。木下の打球は、ショートに飛んだが、名手阿天坊がエラーをする。高鍋にとっては勝ち越しの機会だったが、ここでエース木樽が踏ん張る。9番ライト井上の打席では、バントを試みる井上に対し、木樽は威力のあるストレートを投げ込み、簡単にはさせない。対して井上は続けてバント失敗し、2ストライクからセカンドゴロでゲッツー崩れとなる。

そして1番に帰り、矢野は初球を打って、名手阿天坊が待つショートへのゴロとなり、併殺打となる。エラーのランナーを出したものの最後は、阿天坊は自分のエラーを取り返した。

いいリズムで守備を終えた銚子商は、4番木樽からの好打順。前の打席に2塁打を打たれている相手に慎重に攻めていき、サードゴロに抑える。しかし、その後の5番田中の時に、全てストレートの四球を与える。明らかに4番木樽へ神経を使ったのか、牧にはかなりの疲れが見えていた。すると6番途中からレフトの守備に入っていた土屋に、初球をライト前に運ばれる。一死一、二塁。バッター7番和城が投ゴロに倒れるが、それぞれ進塁し二死、二、三塁。

ここでキャプテンキャッチャー加瀬が打席に入ろうとするが、とっさにベンチの斎藤が加瀬を呼ぶ。

加瀬を呼んだ斎藤は、「お前に任せる。一つ頼んだぞ」と加瀬を打席に送り込んだ。打席に入った加瀬を見ると、牧はセットポジションから素早くカーブを投げ、これが決まる。

1ストライクを取った牧は素早くセットに入る。打席の加瀬は、ある程度ここはカーブで来ると読んでいた。続く2球目をカーブと見極めた加瀬のバットが、牧のカーブをとらえた。打球は2アウトで定位置に戻っていた三遊間の深いところに飛ぶ。ショートが追い付くが、投げられず内野安打になり、3塁の田中が生還。

ギリギリのところで同点、逆転サヨナラゲームとした銚子商が、初の決勝進出を果たした。この試合、実に盗塁7個を決めていた銚子商は、負けているとはいえ、ゲームの雰囲気を支配していた。勝因は、負けていても常に足を使った「斎藤野球」をやり通した嘲笑に軍配が上がった結果となった。

この年、日本球界で初めて「ドラフト制度」が敷かれた。この両校には、そのドラフトにかかる選手が３人いた。高鍋高校エース牧憲二郎は南海ホークス（現ソフトバンクホークス）に１位指名され、銚子商エース木樽正明が東京オリオンズ（現千葉ロッテマリーンズ）に２位指名。そして、銚子商のショートを守った阿天坊が南海ホークス２位で指名される。まさに、３人のドラフト選手の戦いは、銚子商に軍配が上がったことになった。

聖地決勝に進んだ「工業高校」とそれを「見ていた」稀代の名将

対して、決勝の相手となったチームを見ると、銚子市民は「これは優勝が決まった」と思った人もいたという。当時のその学校のエースが2年生だったこともあり、銚子市民は新監督での全国優勝を確信していた。

決勝の相手の学校は三池工業、福岡代表校である。福岡代表として出場しているが、初出場。その監督を務めるのは、元々社会人野球を経験した、「原貢」という監督であった。

昭和という時代に、アマチュア野球に君臨した、名将・原貢であるが、この名将については、東海大相模高校野球部監督として有名である。

だが原貢監督は、元々三池工業高校で、全国優勝監督としてそのキャリアを積み、全国優勝した翌年に東海大相模に渡ったことはあまり知られていない。

この三池工業こそが、名将・原貢の始まりであった。


三池工業は、明治41年に創立。昭和25年に現在の県立三池工業高校となり、この年が野球部発足後、初の甲子園出場だった。

三池工業の関係者は同校を強くするために、監督の選定に奔走。その時白羽の矢が立ったのが、当時地元企業であった、東洋高圧大牟田（現三井化学）に勤めていた原貢であった。

彼は鳥栖高校を卒業後、立命館大学に進むが、中退した後、東洋高圧大牟田（現三井化学）へノンプロの選手として入社し、サラリーマンをしていた。

こうして昭和34年に三池工業高校の野球部監督に就任、当時25歳だった。

当時、三池工業やその周辺校では、必ずしも教員でなければ、野球部の監督をしてはいけない、というルールは無かった。

原は16時のサラリーマンの終業と共に、三池工業に足を運び、そして監督として選手を鍛えた。

原がサラリーマンをしているという関係、そして公立の工業高校という事もあり、練習時間は限られた。当時はまだ土曜日に学校の授業があり、日曜には練習試合、そしてナイター設備もないため、一般的な公立高校の練習と変わりなかったという。イメージにある「猛練習」というのは、春休みなどの長期休暇の時に行うのみとなっていた。

全国優勝当時の様子を、3番センターを守っていた、苑田邦夫氏に話を伺うことができた。当時の原監督の印象は、一言で「怖くて近寄れない」というものだった。

「俺についてこい」という意志が強く、選手はおとなしく付いていくと、あれよあれよというちに試合に勝つ。そして、夏の大会が始まる前には「お前らは、必ずベスト8までは勝てる。俺がそのように鍛えた」というのが口癖だったと言う。

選手から見ても、原監督が説くバッティング理論は素晴らしいものだったと苑田氏は回想した。その指導の象徴は「ボールは腰で打つ」という基本理論があり、また、当時の監督としては珍しく、その選手個人の特徴を見抜き、各選手に違った指導をした「柔軟性」もあったという。逆に試合になると、例えば、相手選手がネクストサークルで素振りをする姿を観察し、すぐさまその選手の打者としての弱点を見抜き、当時エースであった上田キャッチャーの穴見に弱点を伝え、ベンチからのサインで球種、コースを指示し、相手打者を抑えてしまうという。

名将、原貢のすごさは、この「見抜く」力にあったと苑田氏は語る。

この当時の高校野球の仕組みを少し話すと、当時の高校野球は、その多くは今のように、一県で地区大会を勝ち抜いた一校が甲子園に出られる「一県一校」ではなく、銚子商業がそうであったように、「二県一校」の時代であった。

千葉県で例えると、まず千葉県大会を勝ち抜いた二校が、今度は茨城県大会を勝ち抜いた二校と戦い、それぞれの県代表合わせて四校が代表決定戦と称した戦いを勝ち抜いた一校が、甲子園に出荒れるという仕組みだった。

ただ一部例外もあり、県の面積が広く、また参加チームが多い地区は、夏の大会になると、「北」と「南」などでブロックを分け、北と南で勝ち抜いたチームがそれぞれ福岡県代表として甲子園に出ていた。原監督率いる三池工業がある福岡県はまさにそれだった。

原監督就任前の三池工業は、南部大会を突破できずにいたが、原が就任後の昭和36年の第43回大会、昭和38年の第45回大会で、南部大会を勝ち抜き、県大会に出場。徐々に原監督の就任効果が出てくる。

また昭和37年。三池工業に、ある選手が入学し、同時に県でも勝利を重ねることで、注目されることになる。のちに広島東洋カープでプレーし、さらに同球団のスカウト総括部長を務めることになる、苑田聡彦である。そう、全国優勝時のメンバー、苑田邦夫氏の兄であった。

苑田聡彦は三池工業で原に鍛え上げられ、九州一のスラッガーと呼ばれるようになる。だが、2年の時に県大会準決勝で敗退、3年次は準々決勝で敗れる。

しかし、三池工業がそれまで県大会で、注目されるような成績を収めることができなかったにもかかわらず、原監督が就任してからコンスタントにベスト8に入れるようになると、周辺の野球少年たちが三池工業と原監督の噂を聞き、こぞって三池工業に入学するようになった。

三池工業は公立高校。当時推薦制度を使って、学校側が選手を「取る」ということは意図的にはできなかった。

また苑田氏は「優勝メンバーの時も、特に秀でた選手がいなかったが、そこは原監督に鍛えられたのは間違いない」と話す。そういった選手の中の1人が、2年生エース、上田卓三（元南海）であったが、そもそもこの時の4番を打っていた下川も、高校から野球を始めた生徒の1人。それが、甲子園では決勝戦までの4試合すべてでヒットを打つ選手になるという事は、原監督の指導力がどれだけ優れていたかを垣間見ることができる。

上田は当時二年生だったが、苑田氏いわく「彼が投げて勝てるようになった」。

上田の特徴は、当時として高身長だった175㎝に加え、大きなカーブ、シュート、強気に攻める内角のストレート。そして細身の体からは想像がつかないその勝ち気の性格は、勝負どころの表情にも表れ、目つきが変わった面構えで相手を威嚇しながら右打者のインコースに投げ込む「クロスファイア」の強気の投球が、彼の特徴だったという。

そして、昭和40年の福岡県大会の夏予選。2年生エース、上田というピースを手に入れた三池工業は、順調に勝ち進んでいく。

この地区は、元々北、南で地区が分かれ、ベスト8になるとそれぞれ勝ち進んだ南北の代表が、平和台球場に集結し、県大会と称して激突する。

この大会をノーシードで迎えた三池工業と原監督は、初戦の黒木を7－0で完封。その後、

2回戦　VS大牟田　6－1
3回戦　VS香椎　7－1
4回戦　VS福岡工　3－2

このブロックでは強敵の福岡工業を1点差ゲームで制し、南部予選を突破。

続く県予選初戦、事実上の準決勝では、全国優勝2回を誇る小倉と当たる。

苑田氏は話す。

「当時、小倉には後にヤクルトで活躍する投手、安田猛（元ヤクルト通算93勝）がいたが、この試合、安田を早々にノックアウトできた。やはり原監督が色々対策を考えていた」

県最強の小倉を7‐0で下し、続く決勝は、強豪の飯塚商業を6‐4で下す。原監督自身にしても、三池工業にしても初の甲子園出場となる。

当時、三池工業高校がある、大牟田市には6校の高校があり、さらに三池には、同じ「三池」という名前が付く、三池高校があるが、ここもかつて甲子園出場経験があった。続いて三池工業も初出場となり、炭鉱の町は大きな盛り上がりを見せた。

原監督就任6年目、31歳時の時だった。このチームの特徴は打力。その打力は全国の場でも発揮した。

全国の場に立った、原監督と三池工業ナインは、初戦を北四国・香川代表の名門で、今大会の優勝候補だった、高松商業という強敵を迎える。高松商業のエースは後に巨人、日拓ホームズ（現日本ハム）に進む、小坂敏彦がいた。3回に高松商業が先制するも、7回には三池工業が追い付き、今大会初の延長戦となった13回裏に、6番池田のサヨナラ打で、なんと初出場校である三池工業が、この名門を延長13回で破り、今で言う「ジャイアントキリング」、当時で言う「番狂わせ」を起こした。

この勝利を勢いにし、続く2回線の静岡代表の、東海大一高を11－1で下し、続く3回戦も名門兵庫代表の報徳学園を延長10回にサヨナラゲームとし勝利。この試合、三池工業は2－1で負けていたが、9回裏に追いつき、そのまま10回に、2番瀬口のサヨナラヒットで勝利。この時の報徳のエースは、谷村智啓（元阪神、阪急、プロ72勝）。なんと、福岡大会から数えて、後にプロに進む3投手を破っての準決勝進出となった。

そして準決勝の相手は、これまた格上の西奥羽・秋田代表の秋田高校。この相手も3－4と、報徳戦のヒーロー、瀬口の逆転三塁打で、1点差ゲームを制し、ついに、初出場で決勝進出という快挙を成し遂げた。

そして決勝の相手も、これまで春夏合わせてここまで4度の甲子園出場を果たしている、千葉、東関東代表、銚子商業だった。

だが、三池ナインはここまでプロに進む好投手3人を土につけた事実と、自分たちの力を信じるようになり、相手は注目の木樽正明だが、気持ちの部分で臆することはなかった。

初出場校VS4度の甲子園経験校。加えて銚子商のエースが3年生、木樽に対し、三池工業は2年生左腕、上田。銚子市民は、誰もが、銚子商の優勝と深紅の優勝旗が、最東端の港町にもたらされると信じてやまなかった。

ただ、齊藤以下、銚子商ナインには心配事が一つあった。それは、相手エースが「左腕」だったこと。ここまで、甲子園の4試合の相手投手がすべて右投手だったのに対し、甲子園では初の左投手。

ただ市民は、同じ左腕エースだった、習志野の東上投手、東関東大会では、日立一の左腕、渡辺投手をノックアウトし、2人の左投手を攻略したという事実から、決勝の相手、上田卓三も2年生という事や、全国に名をはせた高鍋高校、剛腕牧からサヨナラ勝ちをもぎ取ったことも手伝い、誰もが黒潮打線が打ち崩すだろうと全国制覇を疑わなかった。

そうした中、迎えた決勝当日。当時、甲子園出場を果たした学校は、甲子園の近くに隣接していた、北陽高校のグランドで練習をし、甲子園入りしていた。この北陽高校は、後に阪神タイガースで主軸選手として活躍し、現監督の岡田彰布氏の出身校である。

斎藤率いる銚子商もそのグランドで、決戦前の練習を行っていたが、その光景を陰から1人の人物が見ていた。その人物の視線の先は、エース木樽ではなく、練習を見ていた斎藤の姿をじっと見つめていた。そして、ある瞬間を見逃さなかった。

斎藤本人も緊張の中、大阪の炎天下に汗を流していた。おもむろに、ユニフォームのズボンのポケットからタオルを取り、汗を拭こうとした。すると、タオルと一緒にある物が2つほどポケットから姿を現した。

それを陰から見ていた影は、笑みを浮かべ、自身のチームのいるところへ引き上げた。

一方、三池工業側。宿舎で、選手たちが監督である原が見えないことに気が付いた。しばらくすると原が玄関から入り、キャプテン木村に「ちょっとみんなを集めてくれ」と伝えた。原が選手を集め、玄関先でこういった。

「向こう（銚子商）は、この決勝を他力本願の神頼みで戦いに挑もうとしている。銚子商の野球は神頼みだ！　俺たちは自力、実力でここまできた！　自分たちの力で戦おうぜ！」と声をかけた。

ナインは、いったい何のことかわからなかったが、ただ名将の顔は「この試合はもらった」という顔をしていた。その顔を見て三池工業の選手たちは「ああ、この試合は勝つのだな」とどこか納得したという。そして、自分の監督の言葉を信じた。

歴史が始まった日　運命の決勝　斎藤一之ＶＳ原貢

8月22日、13時。6万人が押し寄せた、阪神甲子園球場。前日の台風17号の影響で天候が心配されたが、試合開始の時には天候は問題なく、決勝の日を迎えることができた。

早くも一塁側のアルプススタンドの銚子商業側応援席は、はるばる銚子市から、バス4台、電車等の交通機関で銚子商の生徒、市民1000人が押し掛けた。応援団は、漁師町の象徴「大漁旗」を38本持ち合わせており、それを試合開始に合わせて準備をしていた。

はるばる銚子市からきた応援団は、
地元に深紅の優勝旗を持ち帰ることを信じ応援を行った

また、三池工業側のアルプススタンドには、大牟田市から７００キロ、10時間の道をたどってバス10台、飛行機等で総勢２０００人という、こちらも空前の応援団が結成された。

試合開始13時に対して、11時に開園した甲子園。試合開始の13時前には既にチケットは売り切れていた。

その中で、銚子商側ベンチでは、ざわめきがあった。スタメンが発表されると阿天坊の顔が険しくなる。その理由は、ここまで、スタメン起用されていたレフトの下田が外され、唯一１年生でベンチ入りをしていた土屋がスタメンに名を連ねていた。

口頭でのスタメン発表があると、阿天坊の顔がますます険しくなった。下田は阿天坊と同じ銚子四中出身。これまで銚子商野球部を席巻していた銚子一中メンバーをはねのけ、スタメンの座を勝ち取っていた阿天坊と下田。しかし、決勝という大事な場面で、３年生の下田という経験値を、序盤から使えないのは痛手と阿天坊は考えていた。

確かに、ここまでの甲子園での戦いは、序盤に下田がレフトを守り、後半から土屋が途中出場するというパターンができていたし、土屋は強打の一年生ではあった。しかし、大事な試合でのこの判断は、阿天坊にとっても、深紅の優勝旗を待っている銚子市民にとっても、必ず何かが起きると考えていた。

東の名将は「土屋を来年以降の4番に育てたい。そのために全国の決勝という場面を経験させたい」という思いがあった。この後続く全国優勝への夢を賭けたいという思いだ。

試合は、先攻の銚子商から始まった。銚子商は、ここまでチームを牽引してきた、1番高野、2番伊豆、3番阿天坊の攻撃。対して、初出場ながら、ここまで名だたる名門校とプロも注目する投手に投げ勝ってきた上田。

1番高野を三振、2番伊豆を遊ゴロに退けると、迎えるは3番阿天坊。ここまで強敵を打撃と足で崩してきた強打者。その初球だった。打った瞬間、ライト方向に上がった打球は、追い風にも乗り、ラッキーゾーンめがけて飛んでいく。

銚子商側アルプススタンドでは、「これは長打コースになる」と声を上げたが、ラッキーゾーン手前で三池工業ライト下川が、体勢を崩しながらもキャッチ。好守に阻まれ、銚子商は無得点になる。

ただ阿天坊の打球は、銚子商ナインには明るい材料だった。伝統的に左投手に弱いという体質を、斎藤がわざわざ大学生ナンバーワン左腕を連れてきてまで行った練習の結果、習志野の左エース、東上を攻略。東関東大会、代表決定戦では日立一校の左腕エース渡辺投手を撃破し、そして最後の左腕、上田卓三を迎える。

エース木樽は、千葉県予選、東関東大会計7試合で、三振69個、甲子園の4試合で、34イニングを投げ、三振25個、与えた四球がたった2つ、防御率0・26という狂的な数字を残していたということもあり、多少の余裕が生まれていた。

だが相手の三池工業も、これまで県大会の小倉高校、安田投手を含め、3人のプロ注目投手を打ち崩してきた「打」のチーム。

そう思わせるかのように、三池工業のトップバッター木村が木樽の初球のストレートを、いきなりレフト前にはじき返す。

ベンチの斎藤も、少し嫌な感じがする顔をのぞかせた。こちらが三者凡退。向こうがノーアウトのランナーを出すと、勢いがついてしまう。

だが、ここまで同じく強敵をねじ伏せてきた木樽。181㎝の高身長を覗かせ、三池工業打線をにらみつける。

二番瀬口が、バントの構えから2球目をバントすると、木樽はピッチャー前に転がった打球をすかさず二塁へ転送。ベースカバーに入った阿天坊が取ると、フォースアウトとして「2塁ベースを踏ませない」。木樽の気迫が勝ったプレーは、三池工業に流れを渡さなかった。

そして迎えるは、3番苑田。かつて「九州一の強打者」として広島東洋カープに入団した兄を持つ苑田も、甲子園ではここまで打率0・353という好成績を残し、決勝まで来た。木樽も一番心配される立ち上がりを、強打の三池工業クリーンアップを迎え、木樽にも力が入っているのがベンチの斎藤にもわかった。

そして苑田に対し、銚子商バッテリーは外、外のストレートで、２ストライクにすると、１球ボールを挟む。かなり慎重に攻めている印象だったが、最後はカーブで好打者苑田をサードフライに打ち取る。

三池工業打線も、好投手木樽に対し、高校生離れしたストレートに負けず、思いっきり振ってくる。だが銚子商は、エース木樽だけではない。鉄壁の守備は、斎藤野球と篠原コーチが目指した基本。そう思わせるかのように、４番下川の第二球目を投じた時に、１塁ランナーの瀬口がスタート切るも、キャッチャー加瀬がこれを阻止。結果として３人で三池工業打線を封じた。

２回の表の攻撃。マウンドに上田卓三が上がる。上田は、今回の甲子園４試合投げて、41イニング、被安打36、三振10、四球12、許した得点５、防御率は１・１０と、木樽と比べては劣るものの、粘りのピッチングが特徴で、ストレートとスローカーブのコンビネーションでカウントを取り、そして勝負どころでは、打者をにらみつけながら投げる、右打者のインコースに投げ込む「クロスファイア」で打ち取るスタイルである。

対する銚子商打線は、甲子園でのチーム打率は２７２。

阿天坊が大飛球を打ったあと、４番木樽セカンドフライ、５番田中はフルカウントまで粘るも、上田のスローカーブの前に三振を喫し、６番土屋もカウント２－２から、スローカーブの前に三振となる。

ベンチの斎藤の目からも、自チームの打者６人に対し、阿天坊以外は「合ってない」と感じていた。上田の勝負どころのクロスファイアを張っていて、最後はカーブで来るコンビネーション。わかっていてもバットが空を切る。さすがは、決勝に来る投手だと感じていた。

２回裏、木樽は三池工業に対し、４番下川、５番林田を連続三振に仕留めるが、６番池田の打球が緩いショートゴロになり、これがショートの阿天坊と池田の勝負となるが、結果セーフとなる。（記録はショートエラー）

しかし、木樽は7番瀬川も三振に仕留め、この回を終える。木樽はこの回、レフトで1年生の土屋へ、しきりに声をかける場面を見せていた。やはり、まだ1年生という部分については、木樽も気にしていたと思わせる場面だった。

また、4番下川の打席の時、結果として三振に打ち取ったものの、2球目のシュートを痛烈な一塁線へのファールになったのも関係してか、前の試合の高鍋戦と比べ、カーブの割合が大きくなっていた。これはつまり、銚子商バッテリーもこれまでとは違う強力な打線と認識しての配球だった。

しかし、この日の上田攻略も至難の業だった。

3回表、銚子商の攻撃も7番和城がサードゴロ、8番加瀬、セカンドゴロ、9番松田は上田のストレートをとらえ、レフトに大飛球を打つも、レフト瀬川の好守備に阻まれ、三者凡退。

1回の阿天坊のライトへの大飛球、3回の松田のレフトの大飛球と、上田をとらえた打球は出ているものの、ここまでヒットなし。良い当たりが出て、ヒットにならないのは、勝負の世界としては、あまりいい流れではないのはベンチの斎藤もわかっていた。

3回裏、三池工業の攻撃も、8番穴見、三振、9番上田の打球はショート頭上を襲うライナーだったが、ショート阿天坊がジャンプ一番の好守に阻まれた。

そして、三池工業は2巡目に入る。先ほど初球をレフト前に運ばれている木村に対し、銚子商バッテリー攻めが厳しくなるが、4球目をセンターフライに打ち取り、三者凡退に抑える。

それまで、銚子商は、三池工業の好守に2度阻まれたが、この回、阿天坊の好守が出たことにより、流れが来ると思われた。しかし、銚子商側にはまだ1人のランナーもヒットも出ていなかった。

ここで、一巡した銚子商は、高野センターフライ、伊豆サードライナーと、上田のボールをとらえているが、野手の正面を突く。

嫌な流れだったが、ここで最初の打席から「合っていた」3番阿天坊が、上田の3球目をセンター前にはじき返し、ようやく初ヒット、初のランナーが生まれる。

三池工業バッテリーは、当然毎試合盗塁を決めている阿天坊の足を警戒、執拗に牽制球を挟む。そして４番木樽に対し２球目。

「カンッ」

乾いた打球音を残し、ライトへ大きなフライが上がる。

１塁アルプススタンドからは、「行ったか！！」と前のめりになる人もいたが、ライト下川の足が、ラッキーゾーン前で止まった。打球はフェンスいっぱいまで下がった下川のグラブに収まった。

この回も、無得点に終わったが、銚子商側に待望の初安打が記録された。

そして４回、この試合おける、キーポイントと思われる出来事が起きた。それは先頭バッター、２番瀬口の打席で起きた。

この打席で２球目のカーブを打った瀬口の打球は、平凡なレフトフライだった。しかし、この打球をレフト土屋が目測を誤り、ヒットにしてしまい、瀬口の素晴らしい走塁もあって2塁打となる。

当時の解説が「信じられないプレー」というように、やはり大舞台、そして1年生という緊張が、そういうプレーになったのかと思われた。ショートの阿天坊の嫌な予感が、目の前で起きていた。

ただ、エース木樽もここから踏ん張る。バントの構えをしていた、3番苑田をピッチャー小フライのバント失敗に抑えると、続く四番下川を三振、5番林田を一ゴロに打ち取る。

今大会トップで注目されるエースの力を見せた木樽。

銚子商側も、木樽の力投に応えたいが、なかなか得点ができない。

5回表。5番田中ショートライナー、6番土屋が打った打球はショート後方に上がったフライを、ショート池田が好守。二死から、7番和城がチーム2本目のヒットを三遊間に打つが、8番加瀬がライトフライに倒れる。

両チームともにランナーが出始めるも、互いの好守に阻まれる展開が続く。

5回裏、前半戦の最後の三池工業の攻撃、6番池田の放ったサード線のライナーを、サード伊豆がダイビングキャッチというスーパープレーが飛び出す。

続く7番瀬川をサードゴロ、8番穴見三振と、ここも木樽が気迫を見せる。

試合開始から1時間。これまでにない早い展開で終わった、前半戦は互いの好守に阻まれ、ランナーも満足に出ない試合展開。与えた四球が互いに「0」という早い展開が、次第に互いのアルプススタンドの雰囲気を緊迫させた。

6回の裏に、2本のヒットを許した木樽だが、併殺打を絡め、なんとか無失点でしのいできた。ただ三池工業側の打者も2巡目、3巡目となって、木樽の剛速球と、切れのいい変化球に合わせてきていた。前半よりはやはり、切れが落ちてきている場面で、痛打をされることも見えてきていた。

そして運命の7回を迎える。

上田は、この回先頭の3番阿天坊を三振に取ると、続く4番木樽をサードゴロに打ち取ったかに見えたが、サードの木村の悪送球で、一気に2塁まで進まれる。しかし、ここを落ち着いて、5番田中をセンターフライ、6番土屋をショートゴロに打ち取る。

まさに決勝戦という緊迫した戦いが続く中、迎える裏の三池工業の攻撃。

先頭の5番林田が、ショートの深い位置に打つと、これが内野安打となる。緊迫した場面で出したくない先頭打者だったが、無死一塁。木樽はしきりにマウンドを外し、間を置いたが、ここで牽制を一つ入れると林田が逆を突かれた。

「アウト！」と一塁塁審が宣告し、観客は大騒ぎになったが、すぐさま手を横に「セーフ！」となった。

ファーストの田中が、ボールを取り損ねた為だった。

三池工業にとっては、ひやりとした場面だったが、続く6番池田が、フルカウントまで粘り四球をもぎ取る。

木樽にとってこの試合初めての四球だったが、銚子商としては嫌な流れに見えた。木樽とナインは、牽制球を混ぜながら、なんとか相手にリズムを渡さんとする。

そして7番瀬川を三振に取ると、続く8番穴見の前に、原監督が穴見を呼び止め何かを話している。

銚子商ベンチでは、その姿を斎藤が見つめていた。


少し間を開けた、銚子商バッテリー。その2球目だった、高めに浮いたシュートボールを、狙いすました穴見はそれを振りぬく。打球はショート阿天坊の横を抜け、二死の状態で、既にスタートを切っていた林田がホームにヘッドスライディングで生還。均衡が破れた。

三池工業側アルプススタンドは、歓声でうまった。ベンチの斎藤は悔しさを噛み締めながらも平然とし、木樽の投球を見た。

続く9番上田の打席。初球をなんとキャッチャー加瀬が後逸。3塁ランナーの池田が生還し2‐0。

三池工業アルプススタンドは再び大歓声に包まれた。

銚子商のベンチでは斎藤の顔がにわかに険しくなっていた。一方、三池工業ベンチでは、先制を取ったはずの原の顔は一層厳しくなっていった。

8回表。なんとしてもランナーを出したい銚子商は、7番和城が2球目をセンター前にはじき返す。銚子商側アルプススタンドの歓声が息を吹き返し、大漁旗が舞う。

「何とか1点を」

アルプススタンドからそのような声が聞こえる。

そして8番加瀬。ここでバントの構えを見せるが、上田が2球牽制を挟んだ。そして、その初球、一塁ランナーの和城がスタートを切る、三池内野陣が動くが、それを加瀬がヒッティングし、打球はサードへのフライになる。慌てて和城が一塁へ戻る。銚子商ベンチは、攻める気持ちを失わなかったが、エンドランが決まらず一死。

和城は9番松田の時に、盗塁を決め、得点圏にランナーを置くが、松田はレフトフライに倒れる。ここで1点を取って最終回を迎えたい銚子商は、1番高野を迎えた。その初球だった。

「カン」

乾いた打球を聞いたアルプススタンドは歓声を上げた。打球はレフト後方へ飛んでいった。銚子商ベンチも、ナインが乗り出したが、レフト瀬川の足が正面を向いたまま止まり、そのままグラブに収まった。

アルプススタンドの大漁旗は、動きを止めたが、まだ歓声がこだまする。

「あと一回がある」

その言葉に呼応するように、8回の裏三池工業の攻撃を連続三振で抑えた木樽。

そして、銚子商の9回の攻撃が始まる。2番からの好打順。勝つにはここを攻めるしかない。

打席には2番伊豆。その初球だった。とらえた打球はピッチャー上田へ強烈な打球になるが、これを上田が素早く反応。三池側アルプススタンドには大歓声が沸いていた。

「流れだな…」と、アルプスタンドでは、そのような声も聞こえた。続く3番阿天坊はショートゴロに倒れ、二死。

追い詰められた銚子商は4番エース木樽。その初球だった、乾いた打球の先はショート池田の正面に。

この瞬間、3塁側三池工業のアルプススタンドから、「よし決まった！」という声が聞かれ、花吹雪が待った。その時だった、ショート池田が木樽の打球をつかみ損ね、結果はセーフとなった。

ここで一度、試合は中断。塁審、係員が紙吹雪を拾う事になった。三池工業側応援席では、笑い声さえも聞こえていたが、銚子商側応援席もとりあえずはランナーが出たことを、かたずをのんで見守っていた。

そして、５番田中。銚子商側の応援席に舞う大漁旗もむなしく、初球を打った田中の打球は、ファースト林田のグラブに収まり、ゲームセットとなった。

その瞬間、三池工業の応援席は空前の騒ぎになった。

アナウンサーが叫ぶ。

「昭和23年に創部した三池工業野球部。工業高校としては初の全国制覇です！」

ゲームセットのサイレンが鳴ると、ホームベース上で両校が礼をする。まさに歴代の決勝戦の中でも屈指の好ゲーム。互いに好プレーが連続し、そして木樽、上田の好投が光り、まさに両校ともに死力を尽くしたゲームとなった。

一列に並んだ三池工業ナインの額には汗と涙が流れ、それを背に校歌が流れる。応援席に側に並んだ三池工業ナイン。そこで、初出場で全国優勝監督なった「サラリーマンの監督」は三度宙に舞った。

優勝後のインタビューでは、優勝投手となった上田は、

「穴見さんが低めに構えていたので、今日はそこにストレートが決まった。今日は調子が良かった」と興奮気味に言えば、決勝タイムリーの穴見は、アナウンサーに、タイムリーの打席の前に原に呼ばれたことを聞かれ、「前の打席に何投げてきたか覚えているか？　その裏の裏をかけ、と言われたので、カーブをねらった」と答えた。穴見は、タイムリーの前に、ほとんどストレートを投げてこなかったことを見て、カーブを待ったと話している。

そして原は、

「初出場、初優勝ですね」

「おかげさまで」

「決勝タイムリーを打った穴見君を呼んだ時の姿は、なんだか自分自身が野球をしているような姿でしたね」

「選手が、グランドで思い切ってプレーするのに、監督も気迫を見せないといけないですから」

「2点を取ってから、更に顔が険しくなりましたね？」

「2点で逃げ切れると思ってはいけない。それを自分に言い聞かせていましたし、それを覚えてもいけない」

優勝インタビューが続く横で、負けた銚子商ナインへ、応援団からの歓声が響いていた。

「よくやった！」

「いい試合だった！」

銚子商ナインの顔は、悔しさを見せながらも、「ようやく終わった」という顔も覗かせ、激戦の日々を終えることとなった。

初出場初優勝を飾った、原貢監督率いる三池工業

だが、この敗戦には続きがあった。実は、阿天坊があの敗戦から58年後の現在、2つの敗因を挙げている。

阿天坊がまず、銚子商の敗戦の理由を挙げたのは、「いつも通りの野球をしなかった」ことにあった。つまり、準決勝まで途中出場だった、1年生の土屋をスタメンに並べたこと。いつもならスタメンは、3年生の下田だったが、あの試合だけは土屋をスタメンにした。

これは経験者ならわかるが、高校球児のたった「1年間」の経験は大きい。ましてや甲子園という大舞台。それも下田が3年生、土屋は1年生。2年間の差は大きい。試合慣れもそうだが「場慣れ」という意味でも大きな差を生む。当然緊張の仕方も天と地の差である。

得点にはつながらなかったものの、4回裏で解説が「信じられないことが起きた」というように、経験値というものはやはり影響が大きい。また、大会を通じて当然下田の方が立った打席も多い。確かに、土屋は一年生にして素晴らしい打撃センスを持っていた。しかし、野球においてヒットだけではなく「四球」を取れる選手が必要になる。良い当たりでも、野手に取られてしまえばアウトだが、エラー、四球も、塁に出るという事を考えればヒットと価値は一緒である。加えて、下田の選球眼の良さは、千葉県大会から秀でており、外野の守備も安定していた。

野球は、やはりその一打席が得点に繋がるスポーツである。しかし、6番に入った土屋は、3打席で、無安打で出塁も無い。あくまでも「たられば」の話であるが、対して原監督の三池工業は、いつも通りのオーダーで、いつも通りの野球をした。いつも通りの野球をした原監督が勝った事実がそこにあった。

もう一つは、三池工業原が、銚子商の斎藤の「ある行動」を盗み見して、「勝った」と確信したという。

阿天坊氏は、

「これは、私が銚子市戻った時、原監督と交流があって、聞いた話だったのだが…」と驚きの事実があったという。

「実は、原さん。北陽高校での我々の練習を偵察していたそうですが、実は我々の練習を見ていたわけではなく、斎藤先生を見ていたそうです。その時、汗を拭くためにポケットからタオルを取り出したとき、お守りが2つ見えた。その時、『勝った』と思ったそうです」と話したという。

「原さんは、そのあとに選手を集め、銚子商は、神頼みの野球だ。俺たちは、実力でここまで来たから、実力で勝とうぜ、と選手に話したそうです」。これを聞いた阿天坊氏は驚いたという。

「確かに、監督が臆してしまったら、特に高校野球は勝てません。この部分で原さんの見抜く目が違ったのでしょう」。

「英雄たちのその後」と意味があった「工業高校」初の全国制覇

死力を尽くした両校待っていたのは、地元の熱烈な歓迎だった。

全国優勝した三池工業は、大牟田市に入る途中の福岡市でバスから下車し、ここで大盛況となったパレードが行われる。

そのパレードが、長く続いた影響で、地元大牟田市に入るのが日没後となり、再度地元のパレードが検討されたが、これは中止になっている。

一方、銚子商も千葉市、銚子市では熱烈なパレードが行われたが、エース木樽が後にこのような事を語っている。

「本来ならば、準優勝と優勝では、天と地の差があるので悔しがらないといけないのだが、負けた時、ようやく終わったと安堵の気持ちの方が強かった。しかし、千葉へ戻り、地元銚子市でのパレードの際に、町に張られた横断幕には『祝・優勝』という文字の前に小さく『準』と書かれていた。恐らく、町の人たちは、全国優勝を成し遂げると思ったのでしょう。その小さな一文字を見た時、初めて悔しさがこみあげてきた」

しかし、この戦いと、この年初めて日本球界で敷かれた「ドラフト制度」で、銚子商から2人のドラフト指名選手が生まれたことにより、千葉県の高校野球が全国区になる。

ここで、この書籍の主な登場人物たちのその後を追っていきたい。

西の稀代の名将、原貢はこの全国優勝後、その年の秋に行われた、センバツを賭けた秋季大会を戦ったが、県ベスト4で敗れる。その後、東海系列の松前総長にスカウトされ、後の東海大相模高校の監督に就任するのは有名な話である。

銚子市に入った時には夜22時を回っていた

地元千葉に帰った銚子商ナインを待っていたのは
盛大なパレードだった

全国優勝メンバーである苑田氏はこの時のことについて、

「この全国優勝の年の、甲子園2回戦。相手は静岡代表の東海第一高戦で、三池工業は11－1で大勝する。この様子を甲子園のアルプススタンドで見ていた松前総長は、三池工業の監督、原貢を自分の東海系列にスカウトしたいと考えていた。松前総長は、この時の相手のチームの監督だった原さんに、東海第一高の監督に迎えるつもりだった」と話す。

だが、原の答えは、

「中心部（関東）で野球をし、強豪校を倒して甲子園に行きたい」と告げたという。

今では考えられないが、後に原が赴任する東海大相模も野球部が発足したてで、まだ活動を行っていないようなスタート切ったばかりの組織だった。こうした理由で、原はその行き先を、まだ野球部がスタートしたばかりの、東海大相模高校に向ける。

こうして、稀代の名将は東洋高圧大牟田の社員を辞め、神奈川へ。

東海大相模の事務員として赴任し、同校野球部の監督に就任。就任4年目の昭和44年には、同校は早くも甲子園初出場（夏）、翌昭和45年夏の甲子園には東海大相模初、そして自身2

度目の全国優勝を達成する。神奈川県は日本屈指の激戦区で、主に横浜高校、横浜商業などがその覇権を争っていたが、名将、原貢が指揮を執った東海大相模は、まさにそこに割って入り、「勢力図を変えた」とまで言われた野球部を形成し、今なお同校は野球の名門として君臨している。

新設野球部を全国優勝に導いたその事実を目の当たりにした、三池工業全国優勝ナインは、「とんでもない人に野球を教わったのだな…」誰もが息をのんだという。

銚子商のショート、3番バッターとしてエース木樽と共に、銚子商を牽引した、阿天坊俊明は、この甲子園の後に、日本球界で初めて導入されたドラフトで、いわゆるドラフト一期生として、名将・鶴岡一人監督率いる、南海ホークスに2位で指名されている。だが、実家の事業の跡取りとしての責務があった阿天坊は、これを拒否。親の許しによって「大学までなら野球をしても良い」という事で、六大学野球の名門、立教大学へ進学。一年春には、レギュラーとして出場し、春にはいきなりリーグ戦優勝を果たしている。その後、約束の4年間が過ぎたが、社会人野球「新日鐵室蘭」からの熱心な誘いもあり、社会人野球へ舞台を移し、そこで大昭和製紙の補強選手として、都市対抗野球を経験。そこで同じ補強選手としてプレーしたのが、後の「小さな大打者」として活躍、後のヤクルトの日本一監督として君臨する若松勉であった。

社会人野球を終えた阿天坊は、地元銚子市へ戻り、家業を継ぎ、事業を拡大。その力を持って現在でも、銚子商業野球部後援会長として、母校の野球部のバックアップに努め、また、故・斎藤監督が監督を務めていた時代には、バッティングコーチとして母校に足を運んでいた。

銚子商野球部でも有名な、1995年のセンバツ準優勝時のメンバーも、阿天坊会長に指導されたメンバーだった。

銚子商のエース木樽正明は、第一回ドラフトで、東京オリオンズ（現千葉ロッテマリーンズ）に指名されるも、元々早稲田大学への進学が決まっていた。結果として、オリオンズに入団。一年目から一軍で投げるも、2年目に腰を負傷。しかし、その後1969年に、最優秀防御率（1・72）、1971年には最多勝（24勝）、1970年には、先発で21勝を上げ、ＭＶＰとベストナインでチームを10年ぶりのリーグ優勝に貢献。１９７４年には、先発の柱として13勝を上げ、チーム24年ぶりの日本一に貢献したが、腰の状態が悪化し76年に引退。若干29歳だった。11年間での成績は、通算１１２勝、防御率は３・０５と、もし怪我が無ければどこまで成績が伸びたのかと、ファンの間では論争が起きるほどである。

その後、ロッテの二軍投手コーチ、一軍投手コーチ、スカウト部長を経て、２０１１年には社会人野球チーム「ＪＦＥ」のヘッドコーチに就任。14年には、母校銚子商のヘッドコーチに就任し、20年までその任に就いた。

初出場、初優勝を遂げた三池工業。その原動力となったエース上田卓三は、全国優勝の翌年の3年生の夏。県大会準決勝で、後にプロに進む、横山晴久（元東映、日拓）擁する小倉工業との一戦で、延長11回の激闘の末敗退。2年連続の甲子園出場はならなかったが、その年のドラフト1位で南海ホークス入り。主にリリーフとして活躍し、１９７６年に阪神へ移籍。78年に南海へ戻りその年に引退。引退後は、球団がダイエーホークスに変わった後も、長くフロント入りをしていた。

全国優勝した三池工業には、その後の話に続きがあった。

苑田氏いわく、この三池工業の全国優勝を誰より喜んだのは、高野連の面々だったという。

それまで、全国優勝する学校の多くは「私学」で、私学はいわば学校の方針で、野球部員を優遇し、夏の予選前は授業を早めに切り上げて午後から練習という事も出来た。

そのため、私学が全国優勝をするというのは、いわば面々からすれば「それは文武両道とはいえるか？」「高校野球は教育の一環と言えるか？」という議論が多かった。

その私学を次々と打ち破ったのは、公立の工業高校。しかも、練習環境もナイター設備も無い、練習時間は決まっている、という条件の中での全国優勝は教育機関を喜ばせた。

そして、これは公立の「工業高校」初の快挙だった。
面々が口々に言ったのは
「原監督は、よくぞ公立校を優勝させてくれた。文武両道の鏡になってくれた」と話していたという。
このような伝説を地元福岡に残し、次なる伝説を作りに、稀代の名将は、神奈川へ旅立つことになる。

三池工業の全国制覇の話は、周囲の地域に瞬く間に広がり、多くの球児たちは、三池工業野球部を目指した。現三池工業高校野球部ＯＢ会長の山口氏も、元々は柳川地区の出身で、同じ地区に野球の名門、柳川商業（現柳川高校）があったが、山口氏は「我々の世代は、やはり原さんの全国優勝の話で、三池工業に進学一択でした」と話す。

また、この全国優勝の一報は、その２年前にいわゆる「三井三池三川炭鉱炭塵爆発事故」で暗い影を落とした大牟田市に、大きな光と喜びをもたらしたとされている。

そして、この時の全国決勝の様子をラジオで聞いていた、のちの習志野全国優勝時のエースにして優勝監督となった、石井氏は、

「あの決勝戦を聞いていて、千葉県予選準決勝で勝った相手が、全国の場であのような戦いをしている。もし銚子商に勝てば、俺たちもあの場に行けるのではないか」と思っていたと

いう。特に、当時の3年生には、のちに中日で2千本安打を達成した、矢沢健一という主砲がいる中での敗戦。矢沢も同様に「あの試合、勝てたら、あの場にいたのは我々だった」と語っている。

そして矢沢ら、3年生の雪辱を果たすのが、銚子商が準優勝した時、1年生だった、エース石井ら率いる習志野高校。銚子商全国準優勝から2年後の昭和42年に、習志野が、千葉県勢初の優勝旗を千葉に持ち帰ることになる。

この昭和40年の銚子商の甲子園決勝は、まさに千葉県の高校野球の歴史が動いた日だった。

勝負師「斎藤一之」の終焉と今なお特別な「銚子商」と「習志野」

「歴史が始まった日」である、昭和40年の全国準優勝以降、特に全国優勝を果たす昭和49年を経て、昭和51年まで、斎藤一之の名は日本中にとどろき渡っていた。

しかし昭和52年以降、急激に参加校が増えた千葉県は、有力選手の分散化や、私学の台頭などで毎年違った高校が千葉県を制し、甲子園に出るという「激戦区」と化していた。その波は銚子商にも影響し、昭和51年の春の選抜以降、夏の大会では、幾度か千葉県決勝まではいくものの、甲子園出場は昭和60年まで無くなっていた。この昭和60年の夏が、斎藤が監督として最後の甲子園出場となる。

その最中、「勝負師」だった斎藤にも変化が訪れていた。それを象徴する出来事があった。

昭和63年、千葉県秋季大会の事。

千葉県大会準決勝。準決勝までコマを進めた銚子商の相手は、市立柏であった。この年、銚子商は、県でも注目選手だった浪川投手を中心に、秋季大会を順調に勝ち進んでいった。

しかし、この試合、銚子商は結果として1‐0と接戦を落した。その相手である、市立柏高校は、決勝で拓大紅陵に負けるが、関東大会を優勝で納め、同校初の甲子園である、選抜大会に出場。なお、市立柏の甲子園出場は、現在まで、この年のみとなっている。

この試合を見ていた阿天坊は、ベンチでの斎藤を見て、何か違和感があった。というのも、当時の市立柏の監督が、立教出身の中村昭二監督（元柏南高校野球部部長）であったことも、阿天坊の中で引っかかるものがあった。

阿天坊は、敗戦後に斎藤に連絡した。

「先生どうしたんだい？　市立柏…俺の後輩に負けるなんてさ」

すると斎藤は、気まずそうに
「いやあ、実は、試合前に、監督の中村が酒をもってあいさつに来たんだよ…」

「え？　それ、先生。家に上げたのですか？」

「上げたんだよ」

それを聞いた阿天坊は驚いた。勝負の鬼となっていた当時の勝負師「斎藤一之」とは想像もつかない行動。手の内は見せまいと、同じ千葉県の学校とは練習試合も組まなかった勝負師が、自分の懐に招いた酒の席。

阿天坊には信じられなかったが、同時に「人間は年を重ねると、変わるもの」だとも思った。この時、斎藤は59歳。翌年には定年を迎える年だった。

最後の公式戦の指揮となる、平成元年の春の準決勝、習志野戦で敗退。その時期に肝臓がんが発覚。

多くの銚子市民が、新しい時代「平成」を迎えて、昭和の名将に最後の甲子園を期待する中、昭和の勝負師は、後任の黒川栄一（現安房拓心高校野球部監督）にベンチを譲り、あの伝説の一戦である「成東ＶＳ銚子商」で銚子商が延長13回の末、敗退するのを見届け、その年の9月にこの世を去ることになる。

実は、昭和49年の銚子商全国優勝の後、名将・斎藤一之には「退任」の噂が立っていたという。というのも、やはり全国優勝を目指して、嶋田市長の依頼を受け、その目標を達成した時、「燃え尽きた」のではないかとの話があった。

しかし、全国優勝の名将の退任の噂には、地元が当然反対。周囲の要請により、銚子商の監督として定年寸前の平成元年春までその座にいた。

斎藤が全国優勝してから、息子俊之の親子鷹の甲子園出場（50年夏、51年春）を経て、千葉県の決勝、準決勝で敗退する時期も続き、そして斎藤が最後に銚子商を甲子園に導くのは、昭和60年の夏。

それまで、銚子商では、いわゆる「斎藤下ろし」が頻繁に起きていたと噂された。今に繋がる話だが、やはり選手の父兄からは息子が試合に出ないのを、快く思わない人もいる。しかし、野球はスタメン9人。ベンチに入るのは県大会で20人。今は変わっているが、甲子園での出場になると、18人になる。対して、銚子商は、現在でも、公立高校でありながら70人近い部員を抱える。

伝統ある銚子商には、やはり名将斎藤一之と、全国優勝の実績に惹かれ、多くの選手が銚子商野球部を目指す。部員数が多いという事は、選手間の競争の中で「敗者」も多くなるという事だ。

そのあおりで、各中学には、「反斎藤」を掲げる父兄から、選手を銚子商に送るな、入学させるな、という裏の行動が噂されていた。そのせいか、ある年代の銚子商野球部の入学人数が極端に少ない、という現象も起きていたという。

この事は、昭和60年に、斎藤が最後の甲子園に出場することが9年ぶりで、その際に出たある週刊誌にも、「いじめ抜かれた9年間」という題の記事があったという。

そのような中、千葉県内では、高校野球連盟に加盟する学校が急増。拓大紅陵や東海大学浦安などの私学の台頭。一時は１７０校を超える学校がある中、斎藤率いる銚子商は、その中でも公立高校として奮戦しており、その中での昭和60年の甲子園出場だった。

全国優勝達成後は、斎藤本人にとってもこのような苦悩の連続だったとされている。

平成に入ってからの、銚子商については、前作『怪物退治の夏』で詳しく書いているのでそちらを参考にして頂きたいが、実は令和に入り、ある出来事が令和5年に起きた。

その前の令和4年、チームとして前評判が良かった銚子商が、5回戦で成田高校に延長戦の末敗退し、その後のチーム作りがどのような舵取りになるか注目していたが、それよりも驚いたのは、この年の夏の組み合わせ、三回戦でなんと銚子商VS習志野という、千葉県代表としての全国優勝経験校のぶつかり合いが決まった。

これは2017年の5回戦（マリンスタジアム）以来のことで、組み合わせが決まった後、互いの初戦突破は見えていたので、早くも互いの2戦目には、伝統校同士の対決が予測された。そして、令和5年7月17日土曜日、柏の葉公園野球場で行われた、千葉県大会3回戦は、信じられないこととなっていた。なんと夜中の3時から行列ができており、試合会場には1万2千人が押し寄せた。そして、千葉県高野連として初めて、入場券のチケット販売が打ち切りになる騒ぎとなった。
ＳＮＳを通じて大きな話題となったが、やはり、令和という新しい時代に入ったとはいえ、昭和の時代に台頭したこの2校は、千葉県の高校野球ファンにとっては、特別だということを認識させられた出来事だった。（試合は12－0で習志野高校が5回コールドで勝利）

筆者も、前作を書いて思ったことは、昭和の強豪校、銚子商業野球部は未だに多くの人々の記憶に残り、そして、再びかつて全国の頂点に立った聖地での姿を見たいと願う地元民をはじめ、全国のファンがいることに気が付かされる。ＳＮＳでも、多くのファンからの励みの声が届くことに感謝を覚えるのだが、その中で、ようやく、一つの書籍で斎藤先生の話が読める、あの強い銚子商の話が読める、という声が多かった。

銚子商の最後の甲子園出場は、２００５年。斎藤一之監督の息子、俊之氏が監督となり、１９９５年の夏以来の聖地。そして鳥取西戦、７－１で勝利し、全国でも珍しい、公立高校で同じ高校で、親子で監督を務め、甲子園で勝利を上げる。

だが、その息子俊之氏も２０１８年に癌で他界。若干59歳だった。

筆者も墓参りで、年に数回取材でお世話になった方々にあいさつに行くと、出てくるのはやはり強い時代の銚子商。それは、かつて嶋田市長が市を挙げて野球の町、銚子市を全国区にしたいという思いが達成された証であった。

そして、かつての英雄、現銚子商業野球部後援会長・阿天坊氏も、今度は新しい時代「令和」での、母校の甲子園出場を夢見ている。そのために、未だ経営者を続け、私財を投じて母校と名将、故・斎藤一之へ恩返しを続けている。

筆者自身も、40を数えたが、未だ軟式野球の現役を続けている。特に大会に出ているチームなので、大学野球経験者や元プロのピッチャーとも対戦することもある。しかし、40になっても20代の彼らと真っ向勝負ができるのは、ひとえに銚子リトルリーグ、シニアリーグで、いわば「銚子商のＤＮＡ」を叩き込まれた結果、現役35年目を迎えられ、自分の人生が楽しく、充実したものになっている。前作でも話したが、この銚子商にまつわるこれらの作品は、筆者の故郷、そして野球を教えてくれた、阿天坊氏含め関係者への恩返しのつもりで執筆している。

筆者は銚子商に入れず、ＯＢではないが、野球という分野ではそのＤＮＡは受け継いでいるつもりだ。

三つ目の時代「令和」で、かつての名門が、再び聖地であの短く、すがすがしい校歌が流れることを願っている。

エピローグ

2023年に行われた、WBC(ワールドベースボールクラシック)での日本の世界一は、日本における野球というスポーツに再び世間の注目を向けるきっかけとなった。

そして、昨年オフシーズンも、数人の選手が、メジャーという世界の舞台に飛び立っていった。これは、日本のプロ野球が、世界に認められている証拠でもある。

その土台を作っているのが「アマチュア野球」であり、高校野球もその一つ。世界一に輝いた選手たちや、メジャーという舞台に渡った選手たちも、当然元々高校球児であり、その時代に野球の基礎を築き上げていった。

いわば、世界に輝く日本のプロ野球の根底に、「高校野球」と「甲子園」があるが、その高校野球の歴史の中に残る、全国優勝の高校の名前の一つに、銚子商業がある。

甲子園勝利数23勝。これは千葉県の名将、元銚子商業野球部監督、斎藤一之監督が持つ記録であり、いまだ破られない、千葉県歴代監督甲子園勝利数トップの記録である。（部長時代を含めると29勝）しかも、筆答すべきは、過去においても優位とされた私立高ではなく、公立高校での勝利数である。

これについて、斎藤一之監督の死後、銚子商を率いた、黒川栄一監督（現安房拓心高校野球部監督）は、「公立高校での記録。もう破ることはできないでしょう」と話していた。日本に取り巻く、少子高齢化などの要因は、当然野球を始めとする、各スポーツにおいて、多大な影響をおよぼしている。特に公立高校の部活には大きな影響をもたらしている。だからこそ、かつて日本最東端の漁師町の学校が、千葉県の高校野球の歴史を作り、そして全国の頂点に立った歴史は語り継ぐ必要があると考える。

現在でも、この千葉の大地から多くのプロ野球選手が生まれ、日本を飛び出し、メジャーで活躍した選手もいる。

その千葉県の高校野球の歴史が始まったといわれる、今回の昭和40年の甲子園決勝も、若い世代は知らない。身近に感じたのは「かつて銚子商が強かったのは知っている。けど当時の監督のことは知らない」と語る、若い世代の球児が多いということだ。

これは持論であるが、野球をしているのなら、その野球の歴史を知る必要があると思う。

先にも書いたが、昨年の7月の千葉県予選での、銚子商ｖｓ習志野。

結果としてだが、12―0で銚子商が敗退してしまったが、もしかしたら銚子商側の選手に、「なぜこんなに人が集まっているんだ？」と動揺した選手がいたとするならば、それは歴史を知らなかった可能性もある。もし、歴史を知っていれば、人が集まることを予測し、心の準備もできたかもしれないし、何より「このカードは、そういう歴史の上に立っている」ということを少しでも意識すれば、違った結果があったのかもしれないと勝手に思っている。

近年は、ＹＯＵＴＵＢＥにおいて、高校野球やプロ野球歴史についての解説動画を作成、アップロードしていただいているクリエイターもいらっしゃるが、その中でも、忘れ去られた全国区の古豪、銚子商業野球部の歴史を語った動画も多くみられ、そのコメント欄には、数百のコメントが寄せられている。

これは、昭和49年全国優勝から50年、斎藤一之監督の息子、俊之監督が導いた最後の甲子園出場から19年経った今でも、この漁師町の古豪が、再び聖地に足を踏み入れる事を期待しているファンが多いことを表している。

くしくも、昨年の甲子園全国優勝校は、１００年ぶりの全国優勝となった慶応高校。
銚子商の初の全国優勝は50年前。

銚子商という学校と野球部が存続する限り、２度目の全国制覇のチャンスは残されている。

そして、現在も母校の聖地出場を願う、かつての英雄、阿天坊後援会会長に、再び全国放送で、何度も歌われたあの短くすがすがしい校歌を聞かせてほしいと願う。

畑山公希

３つ前の時代、「昭和」後期に生まれた、千葉ロッテとアニソンＤＪをこよなく愛する、野球好き現役軟式野球中年。
２２年７月に、生まれ故郷にある昭和の高校野球の強豪校「銚子商業野球部」のノンフィクション第１弾、「怪物退治の夏～昭和４８年甲子園２回戦～銚子商と斎藤一之」を出版。（自身はＯＢではない）
千葉県の高校野球に関する情報やブログをＳＮＳに投稿しながら、千葉県の高校野球のノンフィクション作品を現在も複数執筆中。

歴史が始まった日　昭和 40 年夏甲子園決勝～斎藤一之 ＶＳ 原貢～

2024 年　5 月　22 日　初版発行

著者　畑山公希
校正　森こと美
発行者　千葉慎也
発行所　合同会社 AmazingAdventure
（東京本社）　東京都中央区日本橋 3－2－14
新槇町ビル別館第一 ２階
（発行所）　三重県四日市市あかつき台 1－2－208
電話　050－3575－2199
E-mail　info@amazing-adventure.net
発売元　星雲社（共同出版社・流通責任出版社）
〒112-0005 東京都文京区水道 1-3-30
電話　03-3868-3275
印刷・製本　ニシダ印刷

ISBN978－4－434-34127－4　C0095